职业教育·道路运输类专业教材
交通运输职业教育教学指导委员会推荐教材

Jiaotong Gongcheng Jishu

交通工程技术

（第 2 版）

向怀坤　张海亮　张晓婷　王任映　主　编
　　　　　　　　　　　　　　谭任绩　主　审

人民交通出版社股份有限公司
北　京

内 容 提 要

本书为职业教育·道路运输类专业教材,系统介绍了交通工程技术的基本概念、原理与方法。全书坚持理论知识"必需、够用"原则,突出理论与实践的紧密结合,在内容选择和编排上充分考虑了高职人才的培养需求。全书分为六大单元,分别为交通工程技术认知,交通体的特性分析,交通参数调查与分析,道路交通规划基础,道路交通设计基础,交通影响分析与评价。

本教材可作为高等职业院校交通运输类专业的专业基础课教材,也可作为普通高等院校交通工程专业的选用教材,还可作为交通类相关工程技术人员的参考书。各院校教师在授课时可根据自身特点对教材内容进行取舍,从实际出发,灵活掌握使用。

本教材配有教学课件、技能训练的实训任务单、思考练习答案等教学资源,教师可通过加入"职教路桥教学研讨群"(QQ:561416324)获取课件。

图书在版编目(CIP)数据

交通工程技术 / 向怀坤等主编. — 2 版. — 北京:人民交通出版社股份有限公司,2021.9(2025.7重印)
ISBN 978-7-114-17559-6

Ⅰ.①交… Ⅱ.①向… Ⅲ.①交通工程—高等职业教育—教材 Ⅳ.①U491

中国版本图书馆 CIP 数据核字(2021)第 159944 号

职业教育·道路运输类专业教材
交通运输职业教育教学指导委员会推荐教材

书　　名:	交通工程技术(第2版)
著 作 者:	向怀坤　张海亮　张晓婷　王任映
责任编辑:	任雪莲
责任校对:	孙国靖　魏佳宁
责任印制:	张　凯
出版发行:	人民交通出版社股份有限公司
地　　址:	(100011)北京市朝阳区安定门外外馆斜街 3 号
网　　址:	http://www.ccpcl.com.cn
销售电话:	(010)85285911
总 经 销:	人民交通出版社股份有限公司发行部
经　　销:	各地新华书店
印　　刷:	北京印匠彩色印刷有限公司
开　　本:	787×1092　1/16
印　　张:	10.25
字　　数:	230 千
版　　次:	2014 年 8 月　第 1 版 2021 年 9 月　第 2 版
印　　次:	2025 年 7 月　第 2 版　第 7 次印刷　总第12次印刷
书　　号:	ISBN 978-7-114-17559-6
定　　价:	35.00 元

(有印刷、装订质量问题的图书由本公司负责调换)

第2版前言

近年来,智能交通行业及其产业在我国得到了快速发展,在保障交通安全、提高运输效率、缓解交通拥堵、降低环境污染、提升公众出行服务水平等各方面发挥着日益重要的作用。特别是进入互联网时代以来,智能交通已经成为"云物大智移"(云计算、物联网、大数据、人工智能、移动互联网)和智慧城市建设的首要着陆点和代表性行业,迎来了蓬勃发展的历史机遇。另外,国家相继推出了一系列与智能交通产业发展相关的政策措施,如《数字交通发展规划纲要》《交通强国建设纲要》《数字交通"十四五"发展规划》《交通运输科技"十三五"发展规划》以及包括第五代移动通信技术(5G)、云数据中心、人工智能、工业互联网、物联网和关键核心硬件、基础应用软件、开源开放平台重大科研设施在内的"新基建"项目。在此过程中,智能交通将率先落地并扮演"标杆示范"的角色。

行业要发展,人才是关键。智能交通正强烈呼唤着大批优秀人才破茧而出,向更新更高的技术和管理领域集聚。为实现人才培养目标,适应我国智能交通行业的发展需求,培养面向生产、建设、服务和管理第一线需要的智能交通行业的高技能人才,推动高职课程建设与改革,加强教材建设,根据2017年教育部颁布的《智能交通技术运用专业教学标准》(适应高等职业教育),本书编写团队精心组织从事高职教学一线的优秀教师,合作编写了面向智能交通技术专业[1]的系列教材,供高等职业院校智能交通技术专业教学使用。

本书具有如下特点:

1. 坚持理论知识"必需、够用"原则,突出职业综合能力培养的指导思想。 在内容选材方面,既注重必要的知识基础,又强调实际应用技能,通过将应用技能分解为以知识、理解力及综合素质培养为核心的职业能力要素网络,从而实现对智能交通技术及相关专业人才职业能力的综合培养。

2. 注意知识内容、认知过程、思维方法与实践技能掌握的自然结合。 本书依据作者多年的一线工作经验和高校教学经验,从提出问题、分析思路到归纳总结

---

[1] 2021年,高等职业教育(专科)专业名称调整后,"智能交通技术运用"专业更名为"智能交通技术"专业。

等都尽量注意对学生的启发引导作用，在各单元内容的编排上注重"实践—理论—实践""综合—分析—综合"的基本认知规律，可以较好地适应"教师主导、学生主体"的教学活动安排，每单元都设置了技能训练与思考练习题，目的在于使学生巩固所学知识、提高分析问题和解决问题的能力。

3. 编写内容紧密结合交通工程传统方法与最新应用技术，体现知识、方法的传承与发展。 如在介绍交通调查时，不仅介绍传统的人工调查方法，还对该领域的最新应用技术进行了全面分析和介绍，使学生对该部分内容有较全面的认识，同时也使本书具有一定的应用参考价值。

参加本书编写工作的有：向怀坤（深圳职业技术学院，博士、副教授、高级工程师）编写第三单元并担任主编，张海亮（山西工程科技职业大学，博士，正高级工程师）编写第一、五单元并参与全书修订工作，张晓婷（上海交通职业技术学院，博士）编写第二、六单元，王任映（湖南交通职业技术学院，博士）编写第四单元。全书由湖南交通职业技术学院谭任绩教授担任主审。

本书在编写过程中参阅和引用了国内外相关的论著和资料，无论在参考文献中是否列出，在此对这些文献的作者和译者均表示由衷的感谢和诚挚的谢意。

由于作者水平有限，书中不妥之处在所难免，恳请专家和读者给予批评和指正。

编 者
2021 年 4 月

本书配套资源目录

技能训练-实训任务单	
单元一	任务-交通工程技术发展思维导图绘制
单元二	任务-交通特性调查分析报告
单元三	任务1-城市道路交叉口交通量调查(人工)
	任务2-人工法与雷达枪法地点车速观测
	任务3-城市道路路段车头时距观测
单元四	任务1-TransCAD创建交通小区及期望线-1
	任务2-TransCAD交通需求预测方法实训-1
单元五	任务1-城市道路平面交叉口设计实训
	任务2-校园内小汽车停车场(位)设计实训
	任务3-城市地面公交站及公交专用道思维导图实训
单元六	任务-城市某地块建设项目现状交通综合分析
思考练习-参考答案	
单元一	参考答案
单元二	参考答案
单元三	参考答案
单元四	参考答案
单元五	参考答案
单元六	参考答案

资源使用方法:可以采用移动端(手机、平板电脑等)微信进入观看或下载资源,也可以采用 PC 端(电脑)微信进入观看或下载资源。

1. 移动端。打开微信→扫一扫下方的二维码→关注"交通教育"微信公众号→注册登录后需要再次扫描下方二维码进行激活;点击"我的"→在"我的阅读"点击本书→在线观看或下载相关资源。

2. PC 端。打开微信→扫一扫下方的二维码→关注"交通教育"微信公众号→注册登录后需要再次扫描下方二维码进行激活;在浏览器输入 www.yuetong.cn→第三方微信登录→点击"个人中心"→在"我的书架"点击本书→在线观看或下载相关资源。

目 录

单元一 交通工程技术认知	1
模块一 交通工程学科的概念	2
模块二 交通工程技术的范畴	3
模块三 交通工程技术的发展	4
技能训练	6
任务：绘制交通工程技术发展的思维导图	6
思考练习	7

单元二 交通体的特性分析	8
模块一 人的交通特性	9
模块二 车辆的交通特性	15
模块三 道路的交通特性	19
技能训练	24
任务：交通特性调查分析报告	24
思考练习	25

单元三 交通参数调查与分析	27
模块一 交通量的定义和分类	28
模块二 交通量的分布特性	31
模块三 交通量的调查及应用	36
模块四 行车速度及其特性分析	49
模块五 地点车速调查及数据处理	53
模块六 交通密度及其特性分析	60
模块七 交通密度调查及资料应用	62
模块八 交通流三参数的数学关系	64
技能训练	70
任务1：城市道路交叉口交通量调查与处理	70
任务2：基于雷达枪的路段车速调查与处理	71
任务3：城市道路路段车头时距调查与处理	72
思考练习	73

单元四　道路交通规划基础 74
模块一　交通规划的定义及分类 75
模块二　交通规划的内容及流程 75
模块三　交通规划调查内容及方法 77
模块四　交通规划需求分析与预测 86
模块五　交通规划方案编制与评价 96
模块六　交通规划工具软件介绍 99
技能训练 102
  任务：基于 TransCAD 的交通规划基础实践 102
思考练习 103

单元五　道路交通设计基础 104
模块一　道路交通设计认知 105
模块二　道路平面交叉口设计 106
模块三　城市路段交通设计 110
模块四　停车场规划与设计 115
模块五　地面公交站与线路设计 126
技能训练 135
  任务1：城市道路平面交叉口设计 135
  任务2：校园内小型停车场及停车位设计 136
  任务3：城市地面公交站与专用道设计思维导图 137
思考练习 138

单元六　交通影响分析与评价 139
模块一　交通影响评价认知 140
模块二　交通影响评价数据调查 143
模块三　交通影响评价需求预测 147
模块四　交通工程影响评价 148
模块五　交通组织与改善对策 150
技能训练 152
  任务：城市某地块建设项目现状交通综合分析实训 152
思考练习 153

参考文献 154

单元一

交通工程技术认知

学习目标

1. 了解交通工程学科诞生的背景；
2. 理解交通工程学的定义；
3. 掌握交通工程的四个基本要素；
4. 了解交通工程技术的范畴；
5. 了解交通工程技术的发展。

能力目标

1. 能描述交通工程学科的诞生背景；
2. 能描述交通工程学科的基本特征；
3. 能描述交通工程学的主要研究内容；
4. 能解释交通工程技术的基本范畴；
5. 能描述交通工程技术的发展历程。

素质目标

1. 能从百年交通发展史感悟交通工匠精神；
2. 能运用辩证观点分析交通供需的动态平衡。

相关知识

交通工程技术侧重于讲解基于交通工程学基本知识、解决交通工程实际问题所涉及的方法、技术规范、技术标准、技术手段等内容，如交通调查技术、交通规划技术、交通设计技术、交通控制技术和交通评价技术等。本单元以交通工程学科为切入点，简要介绍交通工程技术的基本范畴及其发展状况。

模块一　交通工程学科的概念

一、交通工程学科的定义

交通工程学科是一门发展中的交叉学科，它与运输工程学、道路工程学、汽车工程学、电子工程学、系统工程学、工效学、心理学和经济学等学科密切相关，其内容包含自然科学和社会科学的成分，且仍在不断地丰富。

在交通工程学科的发展历程中，各国学者对交通工程学科先后提出过不同的定义。

作为世界上成立最早的交通工程师协会——美国交通工程师协会，早期给交通工程学下的定义是：交通工程学是工程学的一个分支，它研究道路规划、几何设计、交通管理和道路网、终点站、毗邻用地与各种交通方式的关系，以便使客货运输安全、有效和方便。1983年，美国交通工程师协会的《会员指南》将交通工程学重新定义为：交通工程学是运输工程学的一个分支，它涉及规划、几何设计、道路交通管理、道路网、终点站、毗邻用地，以及与其他交通方式的关系。

澳大利亚著名的交通工程学教授布伦敦给交通工程学下的定义是：交通工程学是关于交通和出行的量测科学，是研究交通流和交通发生基本规律的科学。为了使人和物安全而有效地移动，把这些科学知识应用于交通系统的规划、设计和运营。

英国学者这样定义交通工程学：道路工程学中研究交通运营与控制、交通规划、线形设计的那一部分叫交通工程学。

苏联学者给交通工程学下的定义是：交通工程学是研究交通过程的规律和交通对道路结构、人工构造物影响的科学。

我国《交通工程手册》（中国公路学会，1998年）对交通工程学的定义是：交通工程学是研究道路交通中，人、车、路、环境之间的关系，探讨道路交通规律，建立交通规划、设计、控制和管理的理论和方法以及有关的设施、装备、法律和法规等，使道路交通更加安全、高效、快捷、舒适的一门技术科学。

由上述定义可知，尽管各国对交通工程学的理论、认识不完全一致，但也达成一些共识，即交通工程学是从道路工程学分化出来的，把人、车、路、环境及资源等与交通有关的几个方面综合在道路交通这个统一体中进行研究，以寻求道路通行能力最大、交通事故最少、运行速度最快、运输费用最省、环境影响最小、资源消耗最低的交通系统规划、建设与管理方案，从而达到安全、迅速、经济、方便、舒适、节能及低公害的目的。

二、交通工程学的特点

交通工程学在其发展过程中引入了车辆工程、人因工程、环境工程等领域的知识，逐渐形成了一门综合性很强的交叉学科，并同时具备了自然科学与社会科学的双重特点。具体特点包括以下几个方面。

（1）系统性

系统性主要表现在两个方面：一方面，交通是社会经济系统的有机组成部分，要受到社会经济系统的其他子系统的影响;另一方面,交通本身由很多相互影响并彼此制约的因素组成,如道路路网的发展水平影响交通需求的发展。因此,可以将交通工程看成一个大系统,用系统工程的原理来解决交通工程发展中的问题。

(2)综合性

交通工程学的综合性表现在,它是工程(Engineering)、法规(Enforcement)、教育(Education)、能源(Energy)和环境(Environment)五个方面的结合。由于五个英文单词的首字母都是"E",故通常又将交通工程学科简称为"5E"学科。

(3)交叉性

交通工程学的任何一个研究对象,都涉及其他相关学科知识,与其他学科联系非常密切,体现了它的学科交叉性。例如,研究对象中的交通系统控制是控制技术、系统科学、应用数学、电子技术、机械技术与人体工程技术等多学科和技术交叉融合的结果。

(4)社会性

交通系统是社会经济系统中的一个子系统,涉及社会的各个方面,交通规划、交通管理和交通法规与公众出行息息相关,交通系统的建设和管理水平直接影响到城市发展、区域经济发展以及人民生活水平的提高等。

(5)超前性

交通系统是为社会经济发展和人民生活服务的,由于道路交通系统建设使用周期长,要满足人们日益增长的交通需求,交通规划、交通基础设施建设应具有超前性。

(6)动态性

交通系统的动态性体现在两个方面:一方面是系统规划的超前性决定了系统具备动态变化的特征;另一方面是交通流自身是一个随机变化的自然现象,只能通过统计规律来描述这种随时间或空间动态变化的规律。

模块二 交通工程技术的范畴

一般认为,交通工程技术是交通工程学在解决实际问题时所涉及的方法和手段的总称,在交通工程学科发展的历史进程中,交通工程技术被不断赋予新的含义,逐步形成了自己的应用技术特色。

(1)交通特性分析

交通特性主要包括交通参与者特性、交通工具特性、道路特性以及交通流特性四个方面。交通参与者特性指驾驶员、行人、乘客的交通特性;交通工具特性指机动车、非机动车(主要是人力自行车)的交通特性;道路特性包括公路、城市道路、交叉口,以及交通枢纽的交通特性;交通流特性包括交通量、速度和密度的交通特性。

(2)交通调查与分析

交通调查与分析包括交通参数调查、出行信息调查、交通事件调查、交通环境调查等。其中,交通参数调查包括交通量、速度、密度、占有率、延误等调查;出行信息调查包括居民、车辆和货物等的出行调查;交通事件调查主要包括交通事故、拥堵等调查;交通环境调查包括大气污染、噪声污染、交通景观等调查。

（3）交通流参数关系分析

从宏观角度对交通量、车速、交通密度三参数的相互关系进行数学建模，并基于该数学模型对宏观交通动力学分布特性进行分析，用以指导交通规划、设计与管理等工作。

（4）通行能力与服务水平评价

通行能力与服务水平主要包括道路的通行能力与服务水平、公共交通的通行能力与服务水平、交通设施的通行能力与服务水平。它是评价道路、公交、枢纽站等交通系统构成要素的服务能力与服务质量的重要指标。

（5）交通规划

交通规划主要集中于道路交通系统的规划，包括交通需求预测、路网交通流的静态和动态分配、公路与城市道路路网的规划、道路交通系统规划评价等。

（6）交通设计

交通设计的内容包括对现有和未来建设的交通系统及其设施加以优化设计，寻求改善交通的最佳方案，科学地确定交通系统的时间和空间要素及通行条件，比如城市路段交通、平面交叉口交通、城市公共汽车交通设计等。

（7）交通管理与控制

交通管理与控制包括交通管理、交通控制以及与交通管理与控制相关的内容。交通管理又分为系统管理、需求管理和组织管理；交通控制包括交叉口控制、干线控制和区域控制。

（8）交通安全与事故调查分析

交通安全与事故调查分析主要包括交通事故概念、交通事故调查、交通事故统计分析、交通事故处理与交通安全教育等内容。

（9）交通影响评价

根据相关标准、规范，通过定性或定量分析、预测和评价建设工程开发及投入使用后对片区交通通行、交通安全、交通环境等的影响，提出该建设工程实施的可行性建议。

（10）智能交通技术

智能交通技术主要涉及智能交通系统概念、智能交通体系框架、智能交通系统的基本构成以及智能交通系统的关键技术。

以上内容并不是交通工程技术范畴的全部。作为综合性、交叉性、应用性很强的应用学科技术，近30年来，随着许多新理论、新技术、新应用与交通工程的结合，交通工程技术已发展到一个全新的阶段。到目前为止，交通工程技术的许多内容还在快速发展当中。

模块三　交通工程技术的发展

一、交通工具及交通的发展

衣、食、住、行是人们基本生活条件的四要素，行即指交通。交通的发展依赖于交通工具的变革。以交通工具变革为划分依据，交通发展一般可分为步行交通、马车交通、汽车交通和智能交通四个时代。

1. 步行交通时代

从远古时代到车轮发明前的漫长时期,人们的主要交通方式是步行。人们从事运输活动基本要靠步行来完成,尽管后来人们开始驯化动物来驮运货物,但仍属步行范畴。

2. 马车交通时代

车轮的发明使人类进入马车交通时代。马车推动了道路以及道路网的修建,如我国春秋战国时期在秦岭地区修建的"金牛道",秦始皇统一中国后修建的全国性"驰道""驿道",以及周代就已有明确记载的道路网规划。《周礼·考工记》记有"匠人营国,方九里,旁三门。国中九经九纬,经涂九轨……"这种"九经九纬"的道路网模式几乎一直沿用到近代。

3. 汽车交通时代

自1888年世界上第一辆汽车面世以来,汽车已成为道路运输和人们出行的主要交通工具。据国际汽车制造商协会(OICA)统计,2020年全球汽车销量超过7800万辆。汽车交通不仅深刻改变了人类的生活方式,也推动了包括道路、交通基础设施及科技的发展,同时也带来了包括交通拥堵、交通事故和交通污染在内的现代"城市病"。在此背景下,目前各国正不断加大新能源汽车的研发、生产与使用规模,以期改善传统燃油汽车存在的问题。

4. 智能交通时代

为了创造一个"安全、舒适、清洁"的可持续发展交通运输环境,1994年美国提出了智能交通系统(Intelligent Transportation System,ITS)的概念。ITS是将先进的信息技术、数据通信传输技术、电子传感技术、电子控制技术及计算机处理技术等有效地运用于整个交通管理系统而建立的一种在大范围、全方位发挥作用的,实时、准确、高效的综合交通管理及服务系统。ITS已成为21世纪现代化地面交通运输体系的模式和发展方向,是交通运输进入信息时代的重要标志。

二、交通工程技术的发展

作为交通工程学的实践,交通工程技术在发展中总体上可分为以下几个阶段。

(1) 基础理论阶段

20世纪30年代初到40年代末,交通工程学科的重点是发展和建立本学科的基本理论体系,研究的重点集中在交通现象调查和交通规律的探讨。

(2) 规划技术阶段

20世纪50年代到70年代初,交通的发展导致发达国家大规模进行交通基础设施建设,交通工程自然要为这场规模浩大的工程提供规划理论与技术支持。因此,交通工程技术的重点是城市规划理论与实用技术、区域公路路网的规划理论与实践技术。这一时期形成的"四阶段"交通规划方法至今仍为各国所用。

(3) 管理技术阶段

20世纪70年代初至90年代初,当汽车增加的速度远远超过道路基础设施增加的速度时,交通管理技术成为该时期缓解交通拥挤、提高交通效率的有效措施。交通需求管理(Traffic Demand Management,TDM)方法以及各类交通控制技术目前仍然在全世界范围内广泛应用。

(4)智能系统阶段

20世纪90年代中期,科技的发展使得人们有能力在提高交通效率、降低污染和保障安全上提出新的举措。新一代信息技术与传统交通工程融合后,ITS应运而生,有力地推动了交通工程技术迈进智能系统阶段。

技能训练

任务:绘制交通工程技术发展的思维导图

一、训练目标

(1)通过复习交通工程技术的范畴及其发展历程,对其中的典型交通工程案例、代表性成果等内容进行检索、分析、整理,从而熟练掌握利用多种工具进行文献检索的方法。

(2)在文献资料检索、分析与整理的基础上,利用计算机思维导图软件,绘制交通工程技术发展思维导图,使学生能够熟练掌握思维导图的绘制方法。

二、实训方法

1. 教师讲解

简明扼要地介绍本次实训项目的学习目的、实训任务及实训要求;结合本单元所学内容,以交通工程技术发展为例,重点讲解其文献检索的关键词选取方法、文献检索资料分析与整理方法;讲解交通工程技术发展思维导图绘制框架的设计思路,结合几种具有代表性的思维导图样例简要介绍思维导图的展示模式。

2. 学生实训

(1)实训分组:由前面的学习目的可知,本实训包括两部分内容,一是交通工程技术发展相关的文献资料检索、分析与整理;二是交通工程技术发展思维导图的绘制。建议采用分组实训,每组2人。

(2)文献检索:各个小组同学相互协同配合,围绕交通工程技术发展思维导图绘制目的开展相关的文献检索工作,重点掌握文献检索关键词界定方法、文献检索工具的使用和文献检索资料的分析与整理方法。

(3)思维导图绘制:理解思维导图的基本特征,结合本实训梳理交通工程技术发展思维导图的绘制思路,掌握常用思维导图绘制工具软件的使用方法。

三、任务清单

每小组提交一份《交通工程技术发展的思维导图》。

四、注意事项

要求学生能够理解文献检索的重要性、文献检索关键词的选择方法、文献检索资料的分析整理方法,能够描述思维导图的基本特征,能够利用思维导图软件将交通工程技术发展历程中的典型案例、代表性成果用某种思维导图充分展示出来,在此过程中同时培养学生思考问题、相互协作和解决问题的能力。

 思考练习

1. 回顾交通工程学科发展,简述交通工程学的定义。
2. 试从交通工具演变的角度探讨交通工程技术的发展阶段及其特征。
3. 通过文献检索资料分析阐述交通工程技术的发展趋势。

单元二

交通体的特性分析

学习目标

1. 理解驾驶员的刺激反应特性;
2. 理解驾驶员的生理心理特性;
3. 理解汽车的爬坡与刹车性能;
4. 掌握公路与城市道路分类;
5. 理解公路网与城市道路网结构。

能力目标

1. 会正确分析驾驶员的典型驾驶行为;
2. 能深入分析驾驶行为与交通安全的关系;
3. 能描述汽车的基本结构与运动性能;
4. 能解释公路与城市道路的分类和等级;
5. 能描述城市道路网络的结构及其特点。

素质目标

1. 能够正确理解车辆和行人的道路通行权;
2. 能够正确认识"人的生命权至上"原则;
3. 能够辩证解释人、车、路、环境的关系。

相关知识

本单元所讲述的交通体的特性主要是指交通系统中的人、车、路要素自身所具有的交通特性。对人、车、路交通特性的认知和分析是开展交通规划、设计、运营、管理与控制的前提和基础。

模块一 人的交通特性

一、驾驶员的交通特性

1. 驾驶员的反应操作过程

驾驶员在驾驶车辆的过程中,首先通过自己的感觉器官(主要是眼睛、耳朵)从外界环境接收信息,产生感觉(视觉和听觉),然后通过大脑一系列的综合反应产生知觉。知觉是对事物的综合认识。在知觉的基础上,形成所谓"深度知觉",如目测距离、估计车速和时间等。最后,驾驶员凭借这种"深度知觉"形成判断,从而正确操作车辆。这种由感觉到知觉再到判断的反应操作过程,实际上也是收集信息、分析信息和处理信息的过程,如图 2-1 所示。

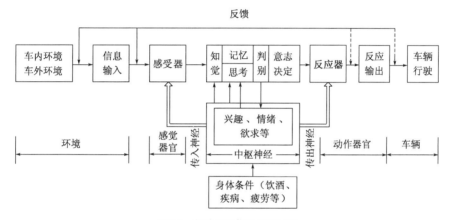

图 2-1 驾驶员的信息处理过程

2. 驾驶员的视觉特性

(1)视力

在一定距离内眼睛辨别物体形象的能力称为视力。视力可分为静视力和动视力。静止状态下的视力为静视力,运动状态下的视力即为动视力。动视力受车辆运动速度和驾驶员自身年龄等因素的影响。速度增加或年龄增大,动视力下降。此外,视力还受到色彩、亮度的影响,其中与行车安全较为密切的几个概念,包括暗适应、明适应、夜间视力和耀眼。研究表明,夜间行车,在无外部照明,只有汽车前灯照明的条件下,能发现各种颜色的距离和能辨认物体的距离见表 2-1。耀眼是指视野内有眩光照射后形成的视觉障碍。研究表明,强光照射中断后,视力从眩光影响中恢复过来需要的时间,从亮处到暗处大约需要 6s,从暗处到亮处约需 3s。

夜间驾驶员的辨认距离　　　　　　　表 2-1

物体的颜色	白	黑	乳白	红	灰	绿
能发现某种颜色的距离(m)	82.5	42.8	76.6	67.8	66.3	67.6
能确认是某种物体的距离(m)	42.9	18.8	32.1	47.2	36.4	36.4
能断定其移动方向的距离(m)	19.0	9.6	13.2	24.0	17.0	17.8

(2)视野

两眼注视某一目标,注视点两侧可以看到的范围称为视野。与驾驶员最为相关的视野方向主要为水平视野;将人的头部与眼球固定,两眼同时能看到的范围为静视野;若将头部固定,眼球可自由转动,两眼同时看到的范围为动视野。动视野比静视野大,动视野左右范围约15°,上方范围约10°,下方范围无变化。驾驶员的视野与行车速度有密切关系,随着汽车行驶速度的提高,注视点前移,视野变窄,周界感减少。行车速度越高,驾驶员越注视远方,视野越窄,两侧景物变得模糊,注意力随之引向景象的中心而置两侧于不顾,结果形成所谓"隧洞视"(图2-2)。

图2-2 隧道光线过渡图

(3)色感

色感是波长不同的光线刺激视网膜视细胞所产生的色彩感觉。不同色彩给人的心理感觉是不同的,见表2-2。

色彩给人的心理感觉　　　　　　　表2-2

颜　色	波长(nm)	范围(nm)	褒义	贬义
红	700	640~750	吉庆、兴奋	警惕、警告
橙	620	600~640	温暖、高贵	警觉、烦躁
黄	580	550~600	光明、温柔、雅致	枯竭、炎热
绿	520	480~550	青春、少壮、安全	狰狞
蓝	470	450~480	幽远、宁静、清凉	寒冷、冷淡
紫	420	400~450	庄重、艳丽	悲愤、恐怖

根据国家标准《图形符号安全色和安全标志 第5部分:安全标志使用原则与要求》(GB/T 2893.5—2020)规定:采用红、蓝、黄、绿色作为安全色,用以表达安全信息含义。其中,红色表示禁止、停止,蓝色表示指令必须遵守的规定,黄色表示警告、注意,绿色表示提示通行。为使安全色更加醒目,使用对比色为其反衬色。交通标志的色彩配置就是根据不同的颜色对驾驶员产生不同的生理、心理反应而确定的,比如警告标志用黄底黑字,禁令标志用白底、红杠、黑字,就可以产生很好的对比效果。

3. 驾驶员的反应特性

驾驶员感知信号,经过辨认、判断、采取动作,并使动作发生效果所需要的时间叫作反应时间。反应是回答某种刺激所产生的动作。反应有简单反应与复杂反应之分。在试验室条件下,用亮灯作为信号,测量反应时间,包括从亮灯开始到喇叭或制动收到电脉冲为止的总时间,根据有限的试验,得到如表2-3所示的测量数据。

试验室条件下反应时间测量值 表2-3

工　作	平均时间(s)	工　作	平均时间(s)
按喇叭,手的起始位置在喇叭按盖上	0.38	踩制动踏板,右脚的起始位置在制动踏板上	0.39
按喇叭,手的起始位置在转向盘上	0.56	踩制动踏板,右脚的起始位置在压下的加速踏板上	0.59

复杂反应是对几种信号中的某一种信号做出反应。复杂反应的复杂程度取决于交通量大小、驾驶员所驾驶汽车和车流中其他车辆的速度等多种因素。反应时间的长短取决于反应复杂程度、驾驶员的训练情况及其心理生理状态、疲劳影响、疾病或酒精作用等。

4. 驾驶员的心理特点与个性

一般而言,男性为外倾型(心理活动表现在外、开朗、活跃、善交际),积极、富有正义感和意志决定力;女性为内倾型(深沉、文静、反应迟缓、顺应困难),直观、情绪不定。古希腊著名医生希波克拉特观察到不同人有不同的气质。他认为人体内有四种体液:血液、黏液、黄胆汁和黑胆汁。机体的状态决定于四种体液混合比例。由于某种体液占优势而产生四种气质。

(1) 多血质(血液占优势)

其特征是活泼、好动、敏感、反应迅速、喜欢与人交往、注意力容易转移、兴趣容易变换等。

(2) 胆汁质(黄胆汁占优势)

其特征是直率、热情、精力旺盛、情绪易冲动、心境变换剧烈等。

(3) 黏液质(黏液占优势)

其特征是安静、稳重、反应缓慢、沉默寡言、情绪不易外露、注意稳定但又难于转移、善于忍耐等。

(4) 抑郁质(黑胆汁占优势)

其特征是孤僻、行动迟缓、体验深刻、善于觉察别人不易觉察到的细小事物等。

生物节律则是从另一个角度对人体的内在差异性进行了揭示。科学家对人体研究结果表明,人的体力循环周期为23天,情绪循环周期为28天,智力循环周期为33天。这三个近似月周期的循环,统称为生物节律。在每一周期内有高潮期、低潮期、临界日和临界期。1939年,瑞士联邦工学院的汉斯·斯旺对700起交通事故的驾驶员作了生物节律分析,发现发生在驾驶员临界日的事故占57.3%。我国学者对四川、陕西、上海等地近几年发生的490起与驾驶员责任有关的重大交通事故的研究表明,属于驾驶员临界期发生的事故占76.73%。

应当指出,无论是气质还是生物节律,都只是观察分析人体生理心理特点的手段,在具体到交通工程设施的规划设计与交通管理工作时,需要结合具体问题具体分析。

5.影响驾驶员的其他因素

(1)驾驶疲劳

驾驶疲劳是指由于驾驶作业引起的身体上的变化、心理上的疲劳以及客观测定驾驶机能低落的总称。驾驶员长时间开车会发生疲劳,这时感觉、知觉、判断、意志决定、运动等都会受到影响。试验发现,驾驶员以100km/h的速度驾驶汽车,30~40min后,出现抑制高级神经活动的信号,表现为欲睡、主动性降低;2h后,生理机能进入睡眠状态。目前,对疲劳的检查方法一般有生化测定、生理机能测定、神经机能测定、自觉症状申述等。

(2)饮酒

酒后驾驶是引发道路交通事故的主要因素之一。研究表明,当酒精在人体血液内达到一定浓度时,将导致人的感知能力、反应能力和身体控制能力变差。对驾驶员而言,饮酒后其生理和心理均会出现明显的变化,大脑组织和血液中的酒精含量较未饮酒时高,神经中枢受到酒精的麻醉作用,容易出现判断和操作失误,处理紧急情况的能力也随之下降,进而导致交通事故的发生,危害人民群众的生命财产安全。

饮酒量的多少通常用血液酒精质量浓度(Blood Alcohol Concentration,BAC)来表示,量纲为mg/100mL,也可用酒精所占血液的百分比表示,如0.02%表示20mg/100mL。为保障交通安全,世界各国对BAC的限值均有规定,表2-4为部分国家和地区对驾驶员BAC限值的相关规定。

部分国家和地区驾驶员BAC限值 表2-4

BAC限值(mg/100mL)	国家和地区
0	捷克、斯洛伐克、匈牙利、沙特阿拉伯、土耳其、保加利亚
20	波兰、瑞典、俄罗斯、中国
50	芬兰、希腊、挪威、法国、荷兰、日本、丹麦、比利时、葡萄牙、澳大利亚
80	英国、南非、德国、瑞士、奥地利、爱尔兰、加拿大、卢森堡、新西兰、意大利、西班牙、斯里兰卡、美国16个州
100	波多黎各、美国34个州

我国《车辆驾驶人员血液、呼气酒精含量阈值与检验》(GB 19522—2010/XG1—2017)规定,车辆驾驶员血液中的酒精含量大于或等于20mg/100mL,小于80mg/100mL的驾驶行为被界定为饮酒驾车,血液中的酒精含量大于或等于80mg/100mL的驾驶行为被界定为醉酒驾车。

(3)道路、车辆与环境影响

道路线形设计欠佳,可能使驾驶员产生错觉,增加驾驶员的心理紧张程度和驾驶疲劳。车辆的结构尺寸、仪表位置、操纵系统、安全设备等都对驾驶有影响。交通标志的布设会约束驾驶员的行为;道路周围若有吸引人注意的干扰点,驾驶员的注意力会被分散;行人过多,会增加驾驶员的心理紧张程度等。

二、行人的交通特性

1.行人交通的基本特点

(1)行人交通是以人的体力为基础、以步行为基本特征的出行方式。相比于其他出行方式,行人交通对环境的适应能力差,受气候的影响大。

(2)步行是一种柔性交通。特别是在行走路径的选择和对前进速度的选择方面,相比于机动车交通可以有较大的自由度。

(3)步行者没有任何保护装置,是交通弱者,容易受到伤害。

(4)步行所占空间很小,通达性很高,几乎任何地方均可到达。据统计,成年人步行时个人空间要求在 $0.9\sim2.5m^2$/人之间,儿童个人空间要求比较小,老年人要求较大。

(5)步行往往带有人的意志性。即使同一个人,由于步行的目的不同,如在上班、下班、购物、休闲、办公等情况下,步行状况也不一样。

2. 行人过街的基本特性

(1)行人过街状况

①待机而过:行人等待车辆驻停或车流中出现足以使其过去的间隙,再行过街。

②抢行过街:车流中本无可以通过的间隙,但过街人快步抢行穿越。

③适时过街:行人走到人行横道端点,适逢车流中出现可供过街的间隙,无须等待,立即穿越。

④大多行人愿意走捷径。据观察,有60%的行人不沿人行横道过街。

(2)行人过街的危险性

①与过街人数有关:人行横道上行人多,驾驶员注意力集中,所以安全程度高,但当人行横道上行人少的时候,不易引起驾驶员的注意,则危险性大。

②与左右侧的车辆有关:行人根据左侧来车情况决定过街时,同时要注意道路另一边右前方的车辆动向来考虑跨过中线后的处境,因此有时为左侧来车所伤。

3. 行人交通的基本参数

(1)步数与步幅

步数为步行者在单位时间内两脚着地的次数(次),一般以每分钟移动的次数为计量单位,每分钟行走步数变化于80~150次,常用值为120次。步幅为步行者两脚先后着地,脚跟至脚跟或脚尖至脚尖的距离(m)。如果步数为 n,步幅为 L,则行人行走 n 步的距离为 nL。

(2)行人空间

①行人的静态空间:是指行人的身体在静止状态下所占的空间范围,身体前后胸方向的厚度和两肩的宽度是人行道空间和有关设施设计中所必需的基本尺寸。

②行人的运动空间:是在人道或有行人排队处提供给每位行人的平均面积,常以每位行人占用面积(平方米或平方英尺)计,它是行人密度的倒数(m^2/人或 ft^2/人)。大量观测表明,一个行人最基本的行走空间为一个 $0.50m\times0.60m$ 的简化的人体椭圆,总面积约为 $0.3m^2$,这是行人行走空间的最小值,如图2-3所示。

在行人的运动空间中,行人前进方向上的空间又被称为行人前行空间,它决定了行人的速度和能够在特定时段内通过某地点的行人数。行人前行空间又可以进一步划分为步行空间和心理空间两部分,如图2-4所示。

通常情况下,能对一个人从头到脚都观察到,约需2.1m的距离。在此距离下,视觉感到舒服,也适合正常速度下人的步行,即后脚跟不易被别人踩到。步行者以常速行走时,也会在自己面前预留一个可见区域,以保证有足够的反应时间,以便采取避让行为,这个区域可通过反应时间与正常速度相乘得出,为 0.48~0.60m²。

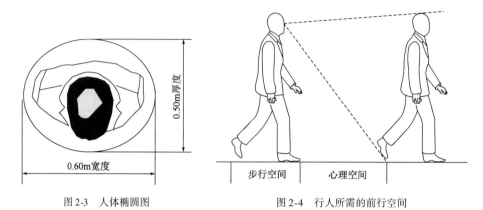

图 2-3　人体椭圆图　　　　图 2-4　行人所需的前行空间

(3)行人起步时间和通行能力

在设信号灯的人行横道,行人起步时间用 3s 比较合适。如果没有当地数据,行人设施的通行能力合理取值为 75 人/(min·m)或 4500 人/(h·m)。对应通行能力,相应的步行速度为 0.8m/s。

(4)行人交通量和行人流率

行人交通量又称人流量,与机动车交通量类似,是指单位时间内,通过道路(或道路上某一车道)指定地点或断面的人数。行人流率是指单位时间内通过道路(或道路上某一车道)指定地点或断面的人数经过等效换算得到的单位小时人数,一般以每 15min 的行人流量或每分钟的行人流量的形式表述。

(5)行人步行速度

步行速度是指行人在单位时间内通过的距离,一般以 m/s、m/min 或 km/h 为单位。各类步行速度的平均值,一般介于 0.8~1.8m/s 之间,我国行人步行速度在 0.7~1.7m/s 之间(平均)。人行道上行人自由流速度约为 1.5m/s。我国《城市道路交叉口规划规范》(GB 50647—2011)要求,交叉口行人过街设计步速应为 1.0m/s。

(6)行人交通密度

行人交通密度又称为行人密度,是指统计时刻末在道路或排队区域内某单位面积上的行人数量,单位是人/平方米(或 p/m²)。行人交通密度是行人交通流的重要参数之一,反映了某条道路或排队区域内的行人交通需求。

三、乘客的交通特性

1.乘客的交通需求心理

人们总是抱着某种目的(如上班、上学、购物、公务、社交、娱乐等)去乘车,为乘车而乘车的旅客几乎没有。人们在乘车过程中总是希望省时、省钱、省力,同时希望安全、方便、舒适。道路设计、车辆制造、汽车驾驶、交通管理及交通设施布设等都应考虑到乘客的这些交通心理要求。

2. 乘车反应

不同的道路等级、线形、路面质量、汽车行驶平稳性、车厢内的气氛、载客量、车外景观、地形等,对乘客的生理、心理反应都有一定的影响。如果道路路面开裂、不平整,引起行车震动强烈,乘客会受颠簸之苦,厉害时使人感到头晕、恶心、呕吐。

根据体力、心理、出行目的等不同原因,城市居民对日常乘车出行时间的容忍性有一定限度。综合国内几个特大、大城市客运系统居民日常乘车出行意愿研究成果,得到不同出行目的乘车出行容忍时间,见表2-5。

不同出行目的乘车出行容忍时间(min)　　　　表2-5

出 行 目 的	理想出行时间	不计较的出行时间	能忍受的出行时间
上班	10	25	45
购物	10	30	35
游憩	10	30	85

3. 社会影响

乘车的安全性、舒适性、满意度不仅对乘客个人的生理、心理有影响,同时也会对社会产生预料不到的影响。上下班等车与路途时间过长、多次换乘、过分拥挤会给人们的出行造成旅途疲劳、心理压力、情绪烦躁,难免产生下列问题:

(1)容易引起乘客纠纷,发生过激行为;
(2)既有损身体健康,又会使工作效率降低;
(3)下班回家过迟会影响家庭和睦;
(4)引起居民对公交服务系统的不满;
(5)影响居民对社会生活和公共事业的态度,或对政府产生不满,等等。

模块二　车辆的交通特性

一、汽车的基本特性

汽车的基本特性包括汽车的设计尺寸、设计参数、动力性、制动性、经济性、操纵稳定性、舒适性、通过性等。这里主要介绍汽车的设计尺寸、动力性和制动性,其他特性读者可参阅相关资料。

1. 设计尺寸

车辆尺寸与道路设计、交通工程有密切关系。例如,制定公共交通规划时要用到公共汽车额定载客量的参数;研究道路通行能力时要使用车辆长度等数据;车辆宽度影响着车行道宽度的设计等。我国《公路工程技术标准》(JTG B01—2014)和《城市道路工程设计规范》(CJJ 37—2012)中都规定了机动车辆外廓尺寸界限,见表2-6、表2-7。

《公路工程技术标准》(JTG B01—2014)规定的设计车辆外廓尺寸(m)　　表2-6

车辆类型	总 长	总 宽	总 高	前 悬	轴 距	后 悬
小客车	6	1.8	2	0.8	3.8	1.4
大型客车	13.7	2.55	4	2.6	6.5+1.5	3.1
载重汽车	12	2.5	4	1.5	6.5	4

《城市道路工程设计规范》(CJJ 37—2012)规定的设计车辆外廓尺寸(m)　　表2-7

车辆类型	总 长	总 宽	总 高	前 悬	轴 距	后 悬
小客车	6	1.8	2.0	0.8	3.8	1.4
大型车	12	2.5	4.0	1.5	6.5	4.0
铰接车	18	2.5	4.0	1.7	5.8+6.7	3.8

注:1. 总长:车辆前保险杠至后保险杠的距离。
  2. 总宽:车厢宽度(不包括后视镜)。
  3. 总高:车厢顶或装载顶至地面的高度。
  4. 前悬:车辆前保险杠至前轴轴中线的距离。
  5. 轴距:双轴车时,为从前轴轴中线到后轴轴中线的距离;铰接车时,分别为前轴轴中线至中轴轴中线、中轴轴中线至后轴轴中线的距离。
  6. 后悬:车辆后保险杠至后轴轴中线的距离。

2. 动力性能

汽车的动力性能通常用三方面的指标来评定,即最高车速、加速度或加速时间、最大爬坡能力。

(1)最高车速 v_{max}:是指在良好的水平路段上,汽车所能达到的最高行驶速度(km/h)。

(2)加速时间 t:分为原地起步加速时间和超车加速时间。原地起步加速时间是指汽车由1挡起步,以最大的加速度逐步换至高挡后达到某一预定的距离或车速所需要的时间。超车加速时间大多是用高挡或次高挡由 30km/h 或 40km/h 全力加速至某一高速度所需的时间来表示。

(3)最大爬坡能力 i_{max}:汽车满载时用1挡在良好的路面上可能行车的最大爬坡度 $i_{max}(\%)$ 表示,$i = \tan\theta$。

3. 制动性能

汽车的制动性能是汽车的主要性能之一,直接关系到交通安全,是汽车安全行驶的重要保障。汽车制动性能主要体现在制动距离或制动减速度上。制动距离 L 的计算公式为:

$$L = \frac{v_0^2}{254(\varphi \pm i)} \quad (2-1)$$

式中:v_0——汽车制动开始时的速度(km/h);
　　i——道路纵坡度(%),上坡为正,下坡为负;
　　φ——轮胎与路面之间的附着系数,一般设计车速 48km/h 以下新的干燥沥青路面取 0.8~1.0,潮湿沥青路面取 0.5~0.8,其他类型道路的附着系数可查阅交通工程手册。

汽车的制动性能还体现在制动效能的力度稳定性和制动时汽车的方向稳定性方面。方向稳定性是指制动时不产生跑偏、侧滑及失去转向能力的性能。制动跑偏与侧滑,特别是后轴侧滑,是造成事故的主要原因。

二、自行车的交通特性

1. 自行车的基本特性

(1) 短程性。自行车的运动能量是依靠人的体力,因此,骑行者的体力、情绪和意志控制了车辆的运行,体力是决定性因素。同时,自行车也受到道路线形、坡度、环境的影响。二者共同作用,决定了这种行驶方式的距离不会太长,适合于短距离、短时间的出行。

(2) 行进稳定性。自行车属于静态不稳定的运载工具,只有当车辆在行进过程中,才处于相对稳定的状态。

(3) 动态平衡。自行车运行时存在平衡问题,在转向通过弯道时,必须借助人体的位置变化或重心的倾斜来维持运动中的平衡状态,这种平衡状态分为内倾平衡、中倾平衡、外倾平衡,如图 2-5 所示。

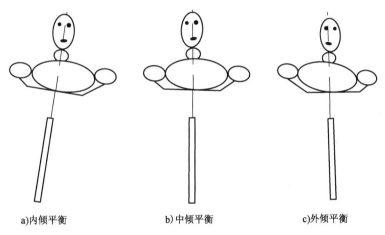

a) 内倾平衡　　　　　　b) 中倾平衡　　　　　　c) 外倾平衡

图 2-5　自行车动态平衡分类

(4) 动力递减性。自行车的行进依靠人的两脚蹬踏的力量,一般成年男子 10min 可能发挥的功率为 220.6W,成年女子则为 147.1W,儿童更小。持续的时间越长,发挥出的功率就越小,此即为自行车动力递减的表现。

(5) 爬坡性能。自行车的爬坡能力依据个人体力的差异而不同,但总体而言,自行车爬坡的能力都不高,根据《居住区环境景观设计导则(2009 年)》规定,自行车专用道路最大纵坡控制在 5% 以内,而且对坡长有一定的限制。

(6) 制动性能。自行车的制动性能对于安全通行具有重要意义,它与反应时间一起决定了纵向安全距离(即纵向动态净空 $L_{净}$),计算式如下:

$$L_{净} = 1.9 + 0.14v_{max} + 0.0092 v_{min}^2 \tag{2-2}$$

式中:1.9——自行车车身长度(m);

v_{max}——自行车行驶时的最大车速(km/h);

v_{min}——自行车制动前减速后的车速,即制动开始时的车速(km/h);

0.0092——制动系数;

0.14——制动时的反应系数,采用0.5s的反应时间计算得出。

在实际使用时,为安全起见,多采用 $v_{min} = v_{max}$。这样,制动距离要大些,因为车速不太高时,相差不会太大。理论上考虑,因为经过反应时间自行车的速度已经有所降低,应较正常速度稍低。现以 $v_{min} = v_{max}$,并采用自行车的常见速度对纵向动态净空进行计算,得出的结果列于表2-8。

纵向动态净空距离　　　　表2-8

自行车速度(km/h)	5	10	15	20	15	30
$0.14 v_{max}$	0.7	1.40	2.1	2.8	3.5	4.2
$0.0092 v_{min}^2$	0.23	0.92	2.07	3.68	5.75	8.28
$L_{净} = 1.9 + 0.14 v_{max} + 0.0092 v_{min}^2$	2.83	4.22	6.07	8.38	11.15	14.38

注:自行车常见速度为10~20km/h。

2. 自行车的设计尺寸

《城市道路工程设计规范》(CJJ 37—2012)规定了自行车的设计车辆外廓尺寸,见表2-9。

《城市道路工程设计规范》(CJJ 37—2012)规定的非机动车外廓尺寸(m)　　　　表2-9

车辆类型	总　长	总　宽	总　高
自行车	1.93	0.60	2.25
三轮车	3.40	1.25	2.25

注:1. 总长:自行车为前轮前缘至后轮后缘的距离;三轮车为前轮前缘至车箱后缘的距离。
　　2. 总宽:自行车为车把宽度;三轮车为车箱宽度。
　　3. 总高:自行车为骑车人骑在车上时,头顶至地面的高度;三轮车为载物顶至地面的高度。

3. 自行车的交通特性

(1)群体性。由于自行车众多,在多车道、高峰时间,车辆常常成群结队、首尾相连行驶,连绵不断。

(2)潮汐性。在信号灯控制路段,自行车车流受到红灯阻断,常常一队一队地像潮汐一样向前流动。

(3)离散性。在车辆不多时,为了不受其他自行车的影响,骑车人总是选择车少、有空当的空间行驶,以提高行驶的自由度和灵活性。

(4)赶超现象。青年骑车人总喜欢在道路上相互追逐、相互嬉闹、相互赶超。

(5)并排性。下班或放学回家,由于车辆的速度缓慢,常常可以相互交谈、并排行驶,造成其他自行车无法或不容易通行。

(6)不易控制性。由于自行车机动灵活,常常会有不遵守交通法律法规的现象,如闯红灯、走机动车道、逆行,等等。

模块三 道路的交通特性

一、道路等级

按照所处的地区不同,道路可分为公路、城市道路、厂矿公路、林区道路、乡村道路等。通常,位于城市及郊区以外的道路,称之为公路,而位于城市以内的道路,称之为城市道路。

1. 公路的技术等级

根据《公路工程技术标准》(JTG B01—2014),公路按照功能、使用任务和适应的交通量的不同,分为以下5个等级:

(1) 高速公路:为专供汽车分向分车道行驶并应全部控制出入的多车道公路。

(2) 一级公路:供汽车分向分车道行驶并可根据需要控制出入的多车道公路。

(3) 二级公路:供汽车行驶的双车道公路。

(4) 三级公路:主要供汽车行驶的双车道公路。

(5) 四级公路:主要供汽车行驶的双车道或单车道公路。

2. 公路的行政等级

《公路路线标识规则和国道编号》(GB/T 917—2017)规定,公路按行政等级分为国道、省道、县道、乡道、村道和专用公路六个等级。其中,国道包括高速公路和普通公路,省道包括省级高速公路和普通公路。

3. 城市道路的等级

根据《城市综合交通体系规划标准》(GBT 51328—2018),城市道路应按照其所承担的城市活动特征,分为干线道路、支线道路和集散道路三个大类,以及城市快速路、主干路、次干路和支路四个中类和八个小类。其中,大类城市道路与中类城市道路和小类城市道路之间的等级划分要求如下:

(1) 干线道路:可分为快速路和主干路两个中类。其中,快速路又可划分为Ⅰ级快速路和Ⅱ级快速路两个小类。Ⅰ级快速路为城市长距离机动车出行提供快速、高效的交通服务功能,设计速度为80~100km/h,高峰小时服务交通量推荐为3000~12000(双向pcu);Ⅱ级快速路为城市长距离机动车出行提供快速交通服务功能,设计速度为60~80km/h,高峰小时服务交通量推荐为2400~9600(双向pcu)。主干路可分为Ⅰ级主干路、Ⅱ级主干路和Ⅲ级主干路三个小类。Ⅰ级主干路为城市主要分区(组团)间的中、长距离联系交通服务,设计速度为60km/h,高峰小时服务交通量推荐为2400~5600(双向pcu);Ⅱ级主干路为城市分区(组团)间中长距离联系以及分区(组团)内部主要交通联系服务,设计速度为50~60km/h,高峰小时服务交通量推荐为1200~3600(双向pcu);Ⅲ级主干路为城市分区(组团)间联系以及分区(组团)内部中等距离交通联系提供辅助服务,为沿线用地服务较多,设计速度为40~50km/h,高峰小时服务交通量推荐为1000~3000(双向pcu)。

(2)集散道路:集散道路由次干路构成,为干线道路与支线道路的转换以及城市内中、短距离的地方性活动提供组织服务功能,设计速度为30~50km/h,高峰小时服务交通量推荐为300~2000(双向pcu)。

(3)支线道路:由支路构成,又可划分为Ⅰ级支路和Ⅱ级支路两个小类。Ⅰ级支路为短距离地方性活动提供组织服务,设计速度为20~30km/h;Ⅱ级支路为短距离地方性活动组织服务的街坊内道路、步行、非机动车专用道路等提供服务。

二、道路数量

道路数量可用路网密度来描述。路网密度是一个区域的道路总长度与区域总面积之比,见公式(2-3)。一般来讲,路网密度越高,则路网总的容量、服务能力越大。但路网的密度并非越大越好,道路网密度的大小应与一定的经济发展水平相当,与所在区域内的交通需求相适应,应使道路建设的经济性和服务水平以及道路系统的社会效益、经济效益、环境效益相互兼顾和平衡,既要适当超前,也要节约投资。

$$\rho = \frac{L_1 + L_2 + \cdots + L_n}{S_1 + S_2 + \cdots + S_m} = \frac{\sum_{i=1}^{n} L_i}{\sum_{j=1}^{m} S_j} \qquad (2\text{-}3)$$

式中:ρ——路网密度(km/km^2);

L_i——路段长度(km),$i = 1,2,\cdots,n$;

S_j——区域面积(km^2),$j = 1,2,\cdots,m$。

城市道路网密度、间距选取应遵循以下两条原则:

(1)道路网密度、间距与不同等级道路的功能、要求相匹配。

(2)道路网密度、间距与城市不同区域的性质、人口密度、就业密度相匹配。

《城市综合交通体系规划标准》(GB/T 51328—2018),对不同规划人口规模城市的干线道路网络密度进行了规划,见表2-10。其中,城市建设用地内部的城市干线道路的间距不宜超过1.5km。

不同规模城市的干线道路网络密度 　　　　表2-10

规划人口规模(万人)	干线道路网络密度(km/km^2)	规划人口规模(万人)	干线道路网络密度(km/km^2)
≥200	1.5~1.9	20~50	1.3~1.7
100~200	1.4~1.9	≤20	1.5~2.2
50~100	1.3~1.8		

三、道路结构

道路基本结构部分包括路基、路面、桥梁和涵洞、边沟、挡墙、盲沟、护坡、护栏等。这些结构的设计标准和使用在公路与城市道路专业著作中有相关介绍,此处不再赘述。

四、道路线形

道路线形是指一条道路在平面、横断面、纵断面三维空间中的几何形状,一般分为平面线形、纵断面线形、横断面线形。随着交通需求的增大和道路等级的提高,人们对道路线形的协调性、平顺性的要求越来越高,更加强调平面、横断面、纵断面线形一体化,即立体线形的设计,如图 2-6 所示。详细内容请读者参阅《公路勘测设计》等文献。

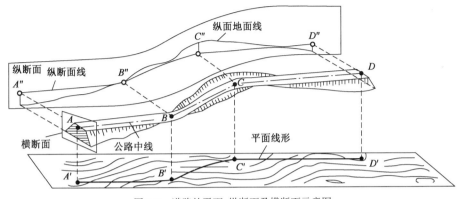

图 2-6 道路的平面、纵断面及横断面示意图

五、道路网络

1. 道路网络交叉模式

（1）平面交叉

道路在同一平面交叉连接的交叉路口称为平面交叉口,和交叉口连接的路段称为交叉口引道。在平面交叉口上,车辆从上游路段驶入交叉口的一段车行道被称作进口道,车辆从交叉口驶入下游路段的一段车行道被称作出口道。

根据集中于平面交叉口的路段数的不同,将平面交叉口分为三路交叉、四路交叉和多路交叉等,由此可衍生出多种交叉口形状,包括:十字形交叉口、X 字形交叉口、T 字形交叉口、Y 字形交叉口、多路交叉口(大于 4 条)和环形交叉口,如图 2-7 所示。

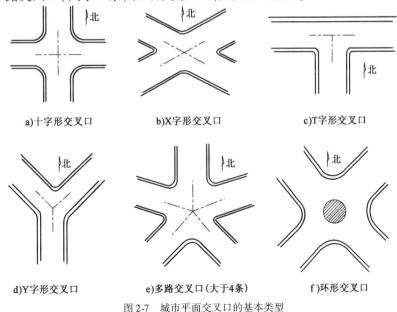

图 2-7 城市平面交叉口的基本类型

另外，还有两类特殊的交叉口。一是相交路段之间的角度特别大或特别小，不同于前面所述的五种交叉口类型，通常将其称作畸形交叉口(图2-8)；二是两个紧邻的T字形交叉口或Y字形交叉口，通常将其称作错位T字形(图2-9)或错位Y字形交叉口。这两类特殊的平面交叉口虽然非常少见，但其对于道路交通管理与控制极其不利，有必要尽量将其改造成为前面所述的五类交叉口或尽可能不采用。

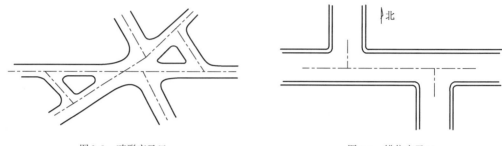

图2-8　畸形交叉口　　　　　　　　　　　图2-9　错位交叉口

除以上的传统分类方法外，《城市道路交叉口规划规范》(GB 50647—2011)还从城市类型及相交路段的技术等级角度对城市道路交叉口进行了分类，交叉口类型直接以相交道路的等级来划分，如主-次交叉口表示主干路与次干路相交的路口、主-支交叉口表示主干路与支路相交的路口，等等。

(2)立体交叉

立体交叉是道路不在同一个平面上相交形成的立体交叉，简称立交。它将互相冲突的车流分别安排在不同高程的道路上，既保证了交通的通畅，也保障了交通安全(图2-10)。

图2-10　道路立体交叉示意图

按交通功能又可将立体交叉分为分离式立体交叉和互通式立体交叉两大类。

①分离式立体交叉：无匝道的立体交叉，仅修建立交桥，保证直行交通互不干扰，但不能互相连通。这种立交构造简单，占地少，工程量和投资少，适用于直行交通量大，转弯车辆少或被限制的路口。

②互通式立体交叉：设有连接上、下相交道路的匝道，可使各路车辆转向。根据车辆互通的完善程度又可分为完全互通式和部分互通式两种。

完全互通式立体交叉能保证相交道路上每个方向的车辆行驶到其他方向，但其交通组织复杂,占地大,建设投资多。完全互通式立体交叉类型繁多,有苜蓿叶形、喇叭形、定向形、迂回形和环形等。部分互通式立体交叉主要包括菱形(亦称钻石形)立交和部分苜蓿叶形立交。菱形立交占地面积小,构造简单,建设投资少,可保证主干道直行交通畅通,但相交的主干道上尚有两处平面交叉口。部分苜蓿叶形立交多用于主要的转弯交通流集中在1个或数个象限内的情况,也有占地面积小、建设投资少的优点。其缺点是限制了某个方向或某几个方向上车流转弯。

2. 公路网络布局模式

典型的公路网布局通常有放射形、三角形、并列形、树杈形等。这些布局形式的特点、性能见表2-11。

典型公路网布局形式及其性能　　　　　　　　表2-11

路网形式	图　　示	特点与性能
放射形		1. 一般用于中心城市与外围郊区、周围城镇的交通联系; 2. 对于发挥大城市的经济、政治、科技、文化中心的作用,以及促进中心城市对周围地区的辐射和影响有重要作用
三角形		1. 一般用于规模相当的重要城镇间的直达交通联系; 2. 这种布局形式通达性好,运输效率高,但建设量较大
并列形		1. 平行的几条干线分别联系着一系列城镇,而处于两条线上的城镇之间缺少便捷道路连接; 2. 这是一种不完善的路网布局
树杈形		1. 一般是公路网的最后一级,是从干线公路上分岔出去的支线公路; 2. 将乡镇、自然村寨与市县政府连接起来

3. 城市道路网络布局模式

目前,常用的道路网络结构可归纳为四种形式:方格(棋盘)形、带形、放射形、放射环形,见表2-12。各类城市在进行交通规划时,应根据本城市的城市形态、地理条件、主要客货流方向及强度确定其道路网络系统的布局与形态,不应套用固定的模式。

典型城市道路网布局及特点 表 2-12

路网形式	图示	特点与性能
棋盘形		1. 布局严整、简洁,有利于建筑的布置,方向性好,网上交通分布均匀,交叉口交通组织容易; 2. 非直线系数大,通达性差,过境交通不易分流,对大城市进一步扩展不利; 3. 改进的方式是增加对角线道路,有时亦会加环形线路
带形		1. 建筑物沿交通轴线两侧铺开,公共交通布置在主要交通干道范围内,横向靠步行或非机动车,有利于公共交通布线和组织; 2. 容易造成纵向主干道交通压力过大,不易形成市中心; 3. 有时可布置几条平行线,在功能上适当分工
放射形		1. 交通干线以市中心为形心向外辐射,城市沿对外交通干线两侧发展,形成"指状"城市,这种布局具有带形布局的优点,同时缩短了到市中心的距离; 2. 缺点是中心区交通压力过大,边缘区相互间交通联系不便,过境交通无法分流; 3. 改进的方式是增加环形线并使各放射干道起点不过分集中于市中心
放射环形		1. 具有通达性好、非直线系数小,有利于城市扩展和过境交通分流等优点,一般用于大城市; 2. 不宜将过多的放射线引向市中心,避免造成中心交通过分集中,交通压力大且对布置建筑物不利

技能训练

任务:交通特性调查分析报告

一、训练目标

(1)能够正确理解本单元所讲述的有关驾驶员、行人、车辆和道路的交通特性,并对其中的关键特性结合现实案例进行解释与分析。

(2)能够在单元一技能训练的基础上,进一步熟练利用图书馆、网络等文献检索资源进行资料收集和资料整理。

(3)会利用计算机办公软件如 Word 设计调查问卷,用 Excel 进行数据分析,用 PPT 制作调查分析汇报文档。

2. 试从多个角度探讨针对驾驶员疲劳驾驶的管理办法。
3. 分析我国道路交通安全法严禁酒后驾驶行为的必要性。
4. 汽车的动力性能和制动性能由什么指标来进行表征?
5. 试结合实际案例谈谈行人与乘客的主要交通特性。
6. 试简要描述高速公路的三维线形结构及其构成要素。
7. 试分析总线型和网格型城市道路网络拓扑结构的特点。

单元二 交通参数调查与分析

学习目标

1. 理解交通量的定义与分布特性;
2. 掌握交通量的调查与数据处理方法;
3. 了解交通量的展示与资料应用;
4. 理解行车速度的定义与分布特性;
5. 掌握行车速度的调查与数据处理方法;
6. 理解行车速度的资料应用;
7. 理解交通密度的定义与分布特性;
8. 掌握车头时距的调查与数据处理方法;
9. 了解交通流三参数的关系及其应用。

能力目标

1. 会设计交通流参数的户外调查方案;
2. 会使用 Excel 软件整理交通量调查数据;
3. 能够正确绘制路口交通流量流向示意图;
4. 会使用 Excel 软件整理和分析车速数据;
5. 会计算交通密度、时间占有率和空间占有率;
6. 会推导交通流三参数的基本数学关系式;
7. 能够正确解释交通量-交通密度的对应关系。

素质目标

1. 体会户外交通调查工作的辛劳和对个人意志的磨炼;
2. 感受户外交通调查中坚持实事求是工作态度的重要性;
3. 在交通调查数据的处理中坚持认真负责的职业精神。

相关知识

交通参数是表征交通流运行特征的重要变量,也是进行道路交通规划、设计、管理等工作的基础数据。常见的交通参数包括交通量、通行能力、行车速度、交通密度、交通延误等。本单元重点讲述传统交通流理论所涉及的三个重要基本参数,即交通量、行车速度和交通密度,以及这三个参数之间的基本关系式。

模块一　交通量的定义和分类

一、交通量的定义

交通量(又称交通流量或流量)是指在单位时间段内,通过道路某一地点、某一断面或某一条车道的交通实体(主要指机动车、非机动车、行人)的数量,用公式表示如下:

$$q = \frac{n}{t} \tag{3-1}$$

式中:q——交通量[辆/小时(veh/h)、辆/分钟(veh/min)、辆/秒(veh/s)];

　　　n——观测时间内通过的交通实体数[辆(veh)、人等];

　　　t——观测时间[天(d)、小时(h)、分钟(min)、秒(s)等]。

交通量是道路与交通工程中的一个基本交通参数,也是一个随机数,不同时间、不同地点的交通量都是变化的。

二、交通量的分类

1. 按交通性质分

(1)机动车交通量。国外一般指小汽车交通量,我国以混合交通居多,往往包括汽车(客车、货车)、拖拉机、摩托车及特种车辆等。

(2)非机动车交通量。由自行车、三轮车、畜力车构成。城市道路上自行车交通量较多,农村公路上尚有少部分人力车、畜力车。

(3)混合交通量。将各种机动车和非机动车交通量按一定折算系数换算成某种标准车型的当量交通量。通常所说的交通量往往指已经换算后的混合交通量。

(4)行人交通量。单位时间通过人行道、过街天桥、地下通道或人行横道的行人数量。

2. 按计时单位分

通常用得最多的是小时交通量(veh/h)、日交通量或称为昼夜交通量(veh/d)。其他按不同计时单位还有:秒交通量(又称秒率)(veh/s);分钟交通量,如1min、5min、15min 交通量;流率,不足1h(如1min、5min、15min)观测得到的交通量,换算为1h 的车辆数称为当量小时流率,又称作交通流率;信号周期交通量,是指城市信号灯路口按信号周期为统计时段得到的交通量(veh/周期);白天12h 交通量,指一天当中7:00—19:00 统计得到的交通量(veh/白天12h);

白天 16h 交通量,指一天当中 6:00—22:00 统计得到的交通量(veh/白天 16h);周、月、年交通量,指某一周、某一月、某一年的统计交通量(veh/周、veh/月、veh/年)。

3. 按统计特性分

(1)平均交通量

由于交通量是随时间变化的,对于不同的计量时间,会有不同的表达方式,通常取某一时间段内的平均值作为该时间段内的代表交通量,即平均交通量。如果以 veh/d 为单位,平均交通量的表达式为:

$$平均交通量 = \frac{1}{n}\sum_{i=1}^{n}Q_i \tag{3-2}$$

式中:Q_i——各规定时间段内的日交通量(veh/d);

n——各规定时间段的时间(d)。

按平均值所取的时间段的长度计算,常用的平均交通量有:

①年平均日交通量(Annual Average Daily Traffic,AADT)。

$$AADT = \frac{1}{y_{ear}}\sum_{i=1}^{y_{ear}}Q_i \tag{3-3}$$

式中:y_{ear}——365d(平年)或 366d(闰年);

Q_i——1 年中各日的交通量(veh/d)。

②月平均日交通量(Monthly Average Daily Traffic,MADT)。

$$MADT = \frac{1}{m_{onth}}\sum_{i=1}^{m_{onth}}Q_i \tag{3-4}$$

式中:m_{onth}——本月的总天数(d);

Q_i——本月各日的交通量(veh/d)。

③周平均日交通量(Weekly Average Daily Traffic,WADT)。

$$WADT = \frac{1}{7}\sum_{i=1}^{7}Q_i \tag{3-5}$$

其中,年平均日交通量在城市道路与交通工程中是一项极其重要的控制性指标,用作道路交通设施规划、设计、管理等的依据,其他平均交通量仅供交通量统计分析、求各时段交通量变化系数,以便将各时段平均交通量进行相互换算之用。

(2)最高小时交通量

以 1h 为单位进行连续观测所得结果中,最高的小时交通量,单位为辆/小时(veh/h)。按其用途可分为:

①高峰小时交通量(Peak Hour Traffic,PHT 或 Volume of Peak Hour,VPH):一天 24h 内交通量最高的某一小时交通量。一般还分为上午高峰(早高峰)和下午高峰(晚高峰)小时交通量。其时间的区划一般为从 n 点到 $n+1$ 点的整数区划。为了分析研究的目的,也可以寻找连续 60min 的最高交通量(非整点到非整点)。

②年最高小时交通量(Maximum Annual Hourly Volume,MAHV):一年内8760h(闰年为8784h)中交通量最高的某一小时交通量。

③第30位小时交通量(30HV):将一年内的8760个(闰年为8784个)小时交通量按照从大到小的次序排列,序号第30的那个小时交通量被称为第30位小时交通量。第30位小时交通量一般被作为设计小时交通量。

三、道路通行能力

1. 通行能力的种类及其定义

道路通行能力也称道路容量,是指道路的某一断面在单位时间内所能通过的最大车辆数。按作用性质,道路通行能力可分为三种。

(1)基本通行能力

基本通行能力是指在一定时段,在理想的道路、交通、控制和环境条件下,道路的一条车道或一均匀段上或一交叉点,合情合理地期望能通过人或车辆(标准车辆)的最大数量。

(2)可能通行能力

可能通行能力是指在一定时段,在具体的道路、交通、控制及环境条件下,一条车道或一均匀段上或一交叉点,合情合理地期望能通过人或车辆(标准车辆)的最大数量。

(3)设计通行能力

设计通行能力是指在一定时段,在具体的道路、交通、控制及环境条件下,一条车道或一均匀路段上或一交叉点,对应服务水平的通行能力。

2. 对理想条件的定义

所谓理想条件,原则上是指对条件进一步提高也不能提高基本通行能力的条件。具体内容包括道路条件、交通条件、控制条件和交通环境。

(1)道路条件是指公路的几何特征。包括车道数、车道、路肩和中央带等的宽度,侧向净宽,设计速度及平、纵线形和视距等。

(2)交通条件是指交通特征。包括交通流中的交通组成,交通量以及在不同车道中的交通量分布和上、下行方向的交通量分布。

(3)控制条件是指交通控制设施的形式及特定设计和交通规则。其中交通信号的设置地点、形式和配时对通行能力的影响最大。其他重要的交通控制包括"停车"和"让路"标志,车道使用限制及转弯限制等。

(4)交通环境主要是指横向干扰程度以及交通秩序等。对于混合交通双车道和单车道公路的通行能力分析,不采用上述理想条件作为基础条件,而是另外制定了具体的理想路段作为该类道路通行能力分析的参照。

3. 计算通行能力的时间单位

由于时间单位越大,交通量不均匀性越不明显,越不能很好地反映出交通量与运行质量之间的关系。因此,通常以"小时"为单位来计算通行能力和设计交通量。

美国认为稳定交通流的最短存在时间为15min,故观测15min的交通量,将15min的交通量乘以4扩大为交通流率(见前面"交通量的分类"部分对"流率"的定义),用此交通流率而不以小时交通量来计算通行能力,但设计交通量仍以"小时"为单位,故美国以交通流率而不是小时交通量来反映道路通行能力。我国现阶段则仍然采用小时交通量而不用交通流率。

4. 通行能力的主要因素及修正系数

道路通行能力的主要因素包括道路条件、交通条件、控制条件、交通环境以及人为的度量标准。道路各组成部分的主要因素及其通行能力的修正系数见有关内容。

需要说明的是,路面使用质量,尤其是平整度,对通行能力有较大的影响。路面使用质量及气候的影响程度变化范围很大,且不易用数字具体表示,故在主要因素中没有涉及路面使用质量及气候这两种因素。

模块二　交通量的分布特性

一、交通量的时间分布特性

1. 交通量的月变化

一年内各月交通量的变化称为交通量的月变化,一般采用月变图和月变系数来表征。

(1)交通量的月变图

以月份为横坐标,月平均日交通量相当于年平均日交通量的百分数为纵坐标,绘成的曲线图称为交通量的月变图,如图3-1所示。

(2)交通量的月变系数

年平均日交通量与月平均日交通量之比,称为交通量的月变系数(或称月不均衡系数、月换算系数),以$K_月$表示,月变系数图如图3-2所示。

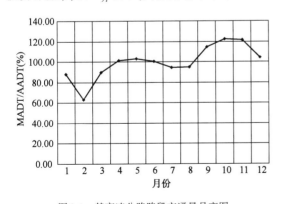

图3-1 某高速公路路段交通量月变图

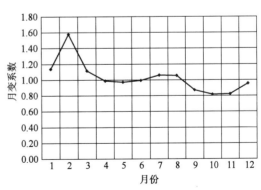

图3-2 某高速公路路段交通量月变系数图

通常月变系数$K_月$可以用来表示交通量的月变化规律。

$$K_月 = \frac{\text{AADT}}{\text{MADT}} \tag{3-6}$$

为简便起见,年平均日交通量可用下式计算:

$$\text{AADT} = \frac{12 \text{个月的月平均日交通量的总和}}{12} \tag{3-7}$$

【案例 3-1】 表 3-1 给出了某公路路段各月的交通量,试计算各月平均日交通量与月变系数 $K_\text{月}$。

某公路路段的月平均日交通量与月变系数计算表　　　　表 3-1

月份	1	2	3	4	5	6	7	8	9	10	11	12
当月天数	31	28	31	30	31	30	31	31	30	31	30	31
月交通量（veh）	657853	427509	671415	733172	770991	727825	706411	709514	830438	916616	881665	781807
MADT（veh/d）	21221	15268	21659	24439	24871	24261	22787	22888	27681	29568	29389	25220
$K_\text{月}$	1.14	1.58	1.12	0.99	0.97	1.00	1.06	1.06	0.87	0.82	0.82	0.96
全年 365d,全年交通量为 8815216,故 AADT=21640											

从表 3-1 和月变图(图 3-1)、月变系数图(图 3-2)可以看出,由于多种原因的影响,该路段 2 月的交通量最低,10 月的交通量最高。

2. 交通量的周变化

交通量的周变化是指一周内各天交通量相对于年平均日交通量的变化,因此也称日变化。

（1）交通量的日变图（周变化）

交通量的日变图是反映交通量周变化的一种重要图式。以周为横坐标,周平均日交通量相当于年平均日交通量的百分数为纵坐标,绘成的曲线图称为交通量的日变图,如图 3-3 所示。

（2）交通量的周日变系数

以年平均日交通量分别除以各周日的平均日交通量即等于周日变系数。各周日的平均日交通量（ADT）等于全年所有该周日的交通量除以该周日的总天数。若缺乏全年观测数据,可用单一周的观测数据确定日变系数,见式(3-8)。

$$K_\text{周日} = \frac{\text{AADT}}{\text{ADT}} = \frac{\frac{1}{365}\sum_{i=1}^{365}Q_i}{\frac{1}{K_\text{d}}\sum_{j=1}^{K_\text{d}}Q_j} \tag{3-8}$$

式中：Q_i——每日交通量（veh/d）;

K_d——1 年中某个周日的总天数（d）。

【案例 3-2】 为形象地表达周变图和周变系数,利用采集的数据（表 3-2）计算得到各周平均日交通量和日变系数。

某城市主干道交通量统计表　　　　　　　　　　　　　　　　表3-2

星期	一	二	三	四	五	六	日
累计交通量(veh)	1885256	1950548	1909492	1929928	1756112	1676592	1686903

解：表3-2给出的是全年365d累计交通量的周分布结果,全年有星期一至星期六各52个,星期日53个,重新整理得到表3-3。

先求ADT,以星期一为例,全年所有星期一的累计交通量为1885256veh,共52d,故星期一的 $ADT = \dfrac{1885256}{52} = 35571(veh/d)$,其余依此类推。

再计算AADT：

$$AADT = \dfrac{\sum_{i=1}^{7} Q_i}{365} = \dfrac{12794831}{365} = 35054.33(veh/d)$$

然后利用式(3-8)计算各周日变系数,见表3-3。

某城市主干道交通量日变情况处理结果　　　　　　　　　　　表3-3

星期	一	二	三	四	五	六	日
累计交通量(veh)	1885256	1950548	1909492	1929928	1756112	1676592	1686903
全年累计周日数(d)	53	52	52	52	52	52	52
ADT(veh/d)	35571	37511	36721	37114	33771	32242	32440
WADT/AADT(%)	101.47	107.01	104.75	105.88	96.34	91.98	92.54
$K_{周日}$	0.99	0.93	0.95	0.94	1.04	1.09	1.08

根据表3-3,可绘制日变图,如图3-3所示。

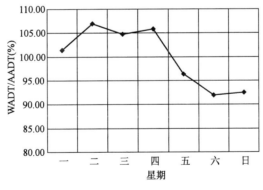

图3-3　交通量的日变图

3. 交通量的时变化

(1)交通量的时变图

交通量的时变化是指一天24h中交通量的变化情况,表示小时交通量变化的曲线称为交通量的时变图,一般用折线、曲线或直方图表示,如图3-4、图3-5所示。

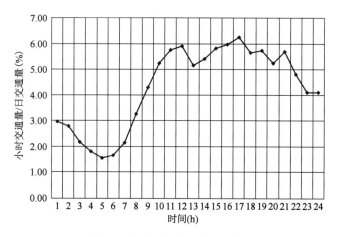

图 3-4　交通量时变化曲线示意图

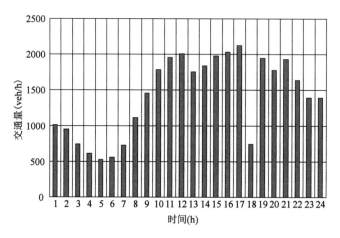

图 3-5　交通量时变化直方示意图

表 3-4 为 2008 年 1 月 1 日在 G107 国道某路段通过地感线圈车辆检测器采集到的交通量数据(24h)，图 3-4 和图 3-5 分别用曲线图和直方图的形式显示了该路段的小时交通量变化。从图中可以看出，交通量在中午 12:00 和下午 5:00 出现了两个高峰。

G107 国道某路段 24h 交通量数据　　　　　　　　表 3-4

小时	1	2	3	4	5	6	7	8	9	10	11	12
交通量(veh/h)	1010	952.7	741	611	527	563	730	1110	1457	1784	1955	2011
小时	13	14	15	16	17	18	19	20	21	22	23	24
交通量(veh/h)	1755	1837	1977	2029	2124	1924	1950	1780	1932	1639	1397	1397

(2) 交通量的时变特征系数

交通量的时变特征系数常用的有高峰小时流量比、白天 12h 交通量系数(K_{12})、白天 16h 交通量系数(K_{16})，即分别用高峰小时流量、白天 12h 交通量、白天 16h 交通量与全天 24h 交通量的比值来表示，为方便显示，一般采用百分比。

由表 3-4 的小时交通量数据，可以得到不同的时变特征系数，见表 3-5。

G107 国道某路段交通量时变特征系数情况　　表 3-5

时变特征系数	高峰小时流量比	白天 12h 交通量系数	白天 16h 交通量系数
比值(%)	6.035343	48.8965	81.14467

(3)高峰小时系数

高峰小时系数(Peak Hour Factor,PHF)是指高峰小时交通量与高峰小时内某一时段(如 5min、10min 或 15min)的交通量扩大为高峰小时交通量的比值。其一般表达式为：

$$\mathrm{PHF}_t = \frac{高峰小时交通量}{t\,时段内统计所得最高交通量 \times \frac{60}{t}} \tag{3-9}$$

例如,当 $t=15\mathrm{min}$ 时,得到 15min 的高峰小时系数的计算公式：

$$\mathrm{PHF}_{15} = \frac{高峰小时交通量}{高峰小时中高峰 15\mathrm{min}\,交通量 \times \frac{60}{15}} \tag{3-10}$$

类似地,还有 PHF_5、PHF_{10} 等表示的高峰小时系数。

【案例 3-3】 某观测站测得的连续各 5min 时段的交通量统计数见表 3-6,高峰小时交通量为 1349veh/h,求 5min 和 15min 的高峰小时系数。

某路段高峰小时以 5min 为时段的交通量统计　　表 3-6

统计时段	8:00~8:05	8:05~8:10	8:10~8:15	8:15~8:20	8:20~8:25	8:25~8:30	8:30~8:35	8:35~8:40	8:40~8:45	8:45~8:50	8:50~8:55	8:55~9:00
5min 交通量	118	114	112	111	114	120	115	106	104	118	110	107

解：由表 3-6 可知,8:25—8:30 为最高 5min 交通量,故

$$\mathrm{PHF}_5 = \frac{1349}{120 \times 12} = 0.94$$

最高 15min 交通量为 8:20—8:35 时段,故

$$\mathrm{PHF}_{15} = \frac{1349}{349 \times 4} = 0.97$$

二、交通量的空间分布特性

不同地区社会经济发展速度、人口分布、气候环境、物产资源以及城乡差别、出行目的等不同导致交通量的不同分布,从而表现出交通量的空间分布特性。

1.城乡分布

由于经济发展、生产与文化活动对交通的需求不同,人口密集程度和出行需求不一样,导致城乡交通量的显著差别。一般而言,城市道路上的交通量要高于乡村；城市中主要干道交通量要大于次要街道。城乡分布对比如图 3-6 所示。

a)城市交通　　　　　　　　　　　　b)乡村交通

图3-6　交通量的城乡分布对比图

2. 路段分布

由于路网上各路段的等级、功能、所处的地理位置不同,在同一时间内,路网上不同路段的交通量存在差异。交通量的这种差异可以通过数值来表示,也可以形象地用线条的粗细来表示,还可以用不同的颜色来表示。

3. 方向分布

一条道路往返两个方向的交通量在很长时间内可能是平衡的,但在某一段时间内可能不平衡。例如:清晨上班时,通往城市中心的道路上的交通量通常要大一些,而出城道路上的交通量相对要小些;下午下班时则反之。为了表示这种方向不均衡性,常采用方向分布系数 K_D（又称方向不均衡系数）来表示：

$$K_D = \frac{主要行车方向的交通量(单向交通量)}{双向交通量} \times 100\% \qquad (3-11)$$

式(3-11)表明, K_D 一定是大于50%的值。据国外的数据,上下班路线的 $K_D = 70\%$,其他主要道路的 $K_D = 60\%$,市中心区道路的 $K_D = 50\%$。

4. 车道分布

在多车道上,因非机动车数量及车辆横向出入口数量的不同,各条车道上交通量的分布也不相等。对于城际干道,一般靠近右侧的车道交通量要大些,随着交通量的增大,靠近中心线（中间带）的车道交通量比重增大;对于城市干道,受环境影响,一般靠近中间带的交通量大。此外,交通量的车道分布还与驾驶员的驾驶习惯和心情等因素有关。

模块三　交通量的调查及应用

一、交通量计数方法

1. 人工观测计数法

人工观测计数法是交通工程早期应用最广泛的一种断面交通量调查方法,目前已逐步被自动调查设备所取代,仅在一些临时交通量调查任务中采用。

交通量人工计数法具体操作方法是:观测者在事先或临时选定的观测断面,按设计的观测时段计数并记录交通量,最后手工简要绘制观测点所在区域的平面图,一般只需手动(机械或电子)计数器和其他记录用的记录板(夹)、纸和笔即可完成任务。

人工计数法适用于任何地点、任何情况的交通量调查,机动灵活,易于掌握,精度较高(调查人员经过培训,比较熟练,又具有良好的责任心时),资料整理也很方便。但是这种方法需要大量的人力,劳动强度大。另外,如需做长期连续的交通量调查,由于人工费用的累计数很大,因此需要较多费用,一般该方法仅适于作短期的交通量调查。

2.设备自动计数法

目前,国内外已广泛采用各种自动计数装置进行交通量调查。早期多为气压管式车辆检测器(道路管检测器),后来随着车辆检测技术的飞速发展,产生了电接触、光电、磁性、感应线圈、视频、超声波等多种设备自动计数装置。下面重点介绍目前交通行业应用较为普遍的感应线圈车辆检测器和视频车辆检测器两种设备自动计数法。

(1)基于感应线圈车辆检测器的交通量自动计数法

感应线圈车辆检测器是目前国内外应用最广泛的一种车辆检测器,也是接触式、固定式车辆检测器的典型代表产品,其最基本的功能就是能够进行交通量的自动计数。感应线圈车辆检测器由埋入路面下的环形线圈,以及地面上的线圈车辆检测卡和连接环形线圈与线圈车辆检测卡的馈线三部分构成,这三部分之间形成了一个简单的振荡电路。

感应线圈车辆检测器的基本工作原理是,当感应线圈车辆检测器振荡电路上电以后,在环形线圈内将产生电磁感应现象,从而形成感应电磁场。如果有车辆穿过该感应电磁场,由于车身主体为导体材料,其穿过该感应电磁场的过程中,将会因导体切割磁力线而在感应线圈内产生感应电流,该感应电流又将会产生新的感应电磁场,如果往复将会不断引发感应线圈车辆检测器振荡电路的振荡频率发生变化,通过捕获和分析该频率的变化值,就可以准确地判别是否有车辆存在或通过该感应线圈,从而完成交通量的自动计数功能。

目前,相比于其他车辆检测器而言,感应线圈车辆检测器仍然具有很高的性价比,并且检测精度很高,检测性能稳定。该设备的不足之处在于安装时需要切割路面,阻隔交通,并且很容易因道路上车辆的挤压和道路变形而损坏。当线圈损坏后维护起来也非常不便,一般仍需要重新切割破坏路面。

(2)基于视频车辆检测器的交通量自动计数法

视频车辆检测器是指采用视频图像处理技术实现某项交通流参数检测或者交通事件检测的设备。目前在实际应用中,视频车辆检测器主要用于交通量参数的采集和道路车辆排队状态的自动判别。经过多年的技术发展,传统的标清摄像机及后端图像处理模式已经逐步被高清摄像机和前端图像处理模式所取代,交通量自动计数法也由传统的基于图像虚拟感应线圈检测模式逐步被全图幅车辆动态自动检测跟踪计数模式所取代。

相比于感应线圈车辆检测器,视频车辆检测器的造价会高出许多,同时该设备在进行交通量自动计数时,计数结果的精度受外界光照变化、暴雨及大雾等的影响非常大,在夜晚光照照度太低的情况下必须进行补充处理。但是,作为一种非接触式车辆检测器设备,视频车辆检测器也有自身的诸多优点,比如该设备除了能自动统计交通量参数,由于其可视范围大还可以采集交通密度、车辆排队长度、行人通行状况等多种道路交通信息,另外其安装维护非常方便,不会影响正常的车辆通行。

除上面介绍的两种典型车辆检测器外,还有地磁车辆检测器、微波车辆检测器、浮动车交通采集器等类型。当然,绝大部分车辆检测器并不仅仅只具备交通量参数采集功能,一般还可以用于采集其他的交通参数。表3-7给出了目前一些车辆检测器的性能特点对比结果。

常用车辆检测器的性能特点 表3-7

传感器类型	检测原理	检测方式 存在	检测方式 通过	检测范围	信号处理难易	路面开挖量	抗干扰性	设置方式	使用寿命	成本
气压管	气压开关		√	线	易	无	差	移动	短	低
光电	车体遮光	√	√	线	易	无	差	移动	短	中
超声波	反射	√	√	点	难	无	中	固定	长	高
电磁	剩磁	√	√	点	中	小	中	固定	—	低
地磁	地磁		√	点	易	中	好	固定	中	中
环形有源	电感	√	√	面	中	大	中	固定	短	中
环形无源	地磁		√	面	易	大	好	固定	短	低
导电橡胶	模拟开关		√	线	易	无	差	移动	短	中
雷达	多普勒效应		√	点	难	无	差	移动	中	高

二、交通量调查实施

1. 拟定调查方案

调查方案主要包括以下各项内容:
(1)调查目的和用途:应有明确的目的和要求,以使调查工作符合原定意图。
(2)拟调查地区或路线的情况:说明对交通量有影响的各种道路、交通管理和控制因素。
(3)观测点在平面图上的位置。
(4)所观测车辆的车种和分类。
(5)所拟定调查时间和周期的说明。
(6)观测仪器:对设备的规格、型号、数量、性能及设备安装图给以说明。
(7)人员配备及分工:对新参加观测人员进行技术培训、工作纪律和责任心教育说明。
(8)其他调查用具配备规格和数量。
(9)记录表格的形式和要求:表头一般应包括道路或交叉口名称(相交道路),观测站位置,所观测车流运行方向和车种,观测日期(年、月、日、星期、上午、下午或晚上),观测时间,天气,观测人员等,必要时可附平面示意图。
(10)调查资料整理方法及格式,图表要求及内容,交通量计数单位和精度等。

2. 公路交通量调查

自我国 1979 年 10 月开始进行正规交通量调查以来,至今已有 40 多年的历史。目前,公路交通量调查主要有间隙式观测和连续式观测两种。

(1) 间隙式观测

为了确切地掌握交通量的变化(时间、空间分布)规律,在保证取得准确数据并能代表所表示的路段的基础上,观测点设置的数量和距离,全国暂无严格规定,由各地按实际情况自行安排。原统一规定每月的 5 日、15 日和 25 日各观测一次,现规定每月观测 1~3 次,具体日期各省(区、市)可根据具体情况确定。观测记录各类车辆的绝对数,不分方向,最后折算成标准车辆数。记录表中应记载道路编号或名称,观测站(点)名称、观测地名及里程桩号、年月日和天气等项目。

(2) 连续式观测

连续式观测除了为全年提供完整的交通量数据外,更主要的是为探求交通流量的变化规律,借以逐步简化观测工作量。观测站的地点应使所得交通量资料能充分代表一个区域的交通量的变化规律。各省(区、市)设置不少于 2 个固定观测站。观测时间以连续一年为一期,每天昼夜连续 24h 观测,按小时交通量登记,来去车不分方向合并记数(如需要研究方向系数时,可采用典型调查方法另做观测分析),以简化手续。

(3) 交通量比重调查

各类道路(国道、省道、县及农村公路)交通量的比重调查,其目的是依据整个公路网的总里程和日交通量的观测资料,分析各类道路的使用功能,阐明各类道路相互之间的关系,论证已划定的国道网是否合理,研究新路建设和旧路改造的基本方针,确定投资的先后次序,制定合理的技术政策。

3. 城市道路交通量调查

城市道路交通量调查,一般应包括对路段、交叉口和城市出入口道路的调查,有时根据规划、设计工作的需要,也可对特定地点(如车站、广场、交通枢纽、大型体育场馆、小区出入口等)进行调查。从调查的时间和规模来看,一般又可分为长期连续调查、大范围宏观调查、临时突击短期调查和局部单点小规模调查等。

为了得到各种不同等级的道路上交通量的日变化和季节性变化系数,并将观测值换算为平均日交通量,需要在控制性观测站中选择一些观测站作为关键站,其数量至少应保证每类主要道路和每类次要道路各有 1 个。为了得到周日系数,每年要观测 7d;为了得到季节性系数,至少每 3 个月要选择星期一至星期五中的某一天进行 1 次 24h 观测,若气候变化对交通量的影响比较显著时,应每个月做 1 次 24h 观测。关键站的调查可以不分流向。

为了获得整个道路系统的平均日交通量,除了控制性和关键性观测站外,还需要建立一批辅助性观测站。对于主要道路,首先将其划分为若干控制性路段,划分的标准是交通量的大小,使各路段中的交通量比较一致,而各路段之间则显然不同。一般以主要交叉口来分段,因为交通量变化的趋势,在城市出入口道路(及其内延伸、外延段上)是最为明显的。每一控制性路段都要建立 1 个辅助性观测站,每 4 年观测 1 次,要选择星期一至星期五中的某一天做 24h 的调查。对于次要道路,大约 1.5km 设 1 个辅助性观测站,不定期地进行每次为 24h 的观测,具体日期可根据道路环境和交通状况的变化情况而定。

以上介绍的主要是长期的宏观的调查,对于具体项目、交叉口、小区出入道路和路段等的交通量调查,则应根据要求、目的不同参阅有关内容进行调查。

4. 平面交叉口交通量调查

调查平面交叉口交通量的主要目的,是为了获得有关交通量的实况、通行能力、流向分布、交通量变化及高峰小时交通量和交通组成等方面的资料,以便对交叉口的运行效能做出准确评价,提出交通管理、控制措施或改建、扩建方案。因此,交叉口交通量调查一般应选在高峰期间进行,持续时间至少为1h,以完整地测到整个高峰小时的交通量资料。同时,可以根据需要分别对机动车和非机动车的高峰进行观测。调查时段划分大多数采用15min,亦可采用10min或5min间隔,如对上下班高峰时的自行车交通量即可采用5min的时间间隔计数。另外,对于信号交叉口也可按其信号周期来统计计数,但此时应同时进行信号灯配时的调查,以便于资料的换算。

由于交叉口的交通流比较复杂,需分车种和分流向调查。目前交叉口仍以人工调查方法居多,并以入口引道的停车线作为观测断面。当交通量较小时,入口处渠化较好,可由1人负责整个入口;当交通较繁忙时,每一入口至少需要3人,分别统计左转、直行和右转的机动车流量。如果人员不足,也可只同时调查一个或两个主要入口引道,另抽时间(尽可能使各种条件相似)调查其他入口引道的交通量,但这种方法存在资料来源于不同时间的缺陷。

对于大型的环形交叉口、多于四路相交的多路交叉口及畸形交叉口,必须进行具体分析,仔细拟定观测方案。对于环形交叉口,其调查方法与十字交叉口略有不同,除在各相交道路入口引道上设置断面并统计入环车辆总数及右转车辆数外,还需在环道上各交织段设置4个观测断面,统计交织段的流量。对于多路相交的交叉口或畸形交叉口,按照常规的观测方法一般难以测得车辆在各向的流量,因此最好采用牌照法测定各入口引道进入交叉口的车型及牌照号码,然后用人工或计算机算出车辆分型往各方向的流量。

调查的日期,除专门的目的外,一般应避开星期六、星期日和节假日。天气则应避开雨、雪等影响正常交通情况的恶劣天气。对于以交叉口改建前后对比研究为目的的交通量调查,要使前后两次调查的时间、地点、方法、气候等条件尽可能相同。同样,对设置信号灯前后及采取某项交通管制措施前后(如区域控制、线控、禁止左转、单向通行等)进行对比研究调查时,也同样应遵循上述要求。

在做交叉口交通量调查时,一般应绘制交叉口平面图,按比例表示交叉口各入口引道的设施和尺寸,以及各车道的功能,必要时还应标绘各种交通控制管理设施,如各种标线、标志,停车线位置,人行横道宽度和位置,信号灯位置,岗亭或指挥台位置等。另外,如有视线障碍,则应绘出附近建筑物或其他障碍物的位置。

以上介绍的方法,同样适用于立体交叉和交通枢纽、交通广场等的交通量调查。

5. 道路网交通量调查

道路网(公路、城市道路网)交通量调查的目的是绘制某一区域道路网的交通流量图,以供运输规划、路网规划、编制道路养护维修计划等使用。一般用年平均日交通量来绘制。

进行路网交通量调查之前,首先应对拟调查的区域做详细的分析,将所有的道路标在该地区的平面图上,然后确定观测站系统。交通量资料由控制性观测站和临时性观测站调查提供。当拟调查的区域原已建有各类永久性观测站、控制性观测站和关键站时,可以以此作为控制性观测站,而不必再设主控制站。当拟调查的区域没有这类观测站时,应在每一种类型的道路上有代表性交通量的断面处建立控制性观测站。控制性观测站一般每3个月连续观测1周,或者每个月选星期一至星期五中的1天,同时每隔1个月增加1个星期日进行24h的观测,但要避开交通量异常的日子和开放夜市的夜间。临时性观测站应遍布整个拟调查的区域。其间距一般规定为:郊区干线公路3~5km、市区公路1.5km左右1个,在交通量变化较大的地点还需增密。观测时应选择星期一至星期五中的某一天做24h或16h的连续观测。

6. 区域境界线交通量调查

区域境界线交通量调查常用作全面的起讫点(Origin & Destination, OD)调查或中心商业区调查的一部分,是在一个完全被一条假设线封闭的特定区域内,对进出该区域的所有道路进行交通量调查,以检测出入的交通量和该区域内交通量(或车辆、或行人)的比例关系,又称为小区出入交通量调查。

这种调查常被用作家访数据的基础,作为出行调查数据的核对之用。在家访调查期间的交通量调查可作为建立有关系数的基础。这种调查同时使用人工计数和机械计数。人工计数是为了确定车辆类型,按车辆类型、行驶方向和小时进行记录。机械计数是在家访调查开始之前进行为期24h的调查,其目的在于:第一,用作安排家访时间表和分配人力的依据;第二,提供将家访期间的交通量与没有家访的日子里的交通量进行比较的机会。

用于中心商业区的调查时,观测断面要选在路段上,以避免由于存在转向车辆而造成的重复计数,同时又可以使用路段交通量的观测方法,使调查工作简化。为了减少观测站的数量,应尽量利用天然的或人为的分隔线作为境界线,如河流、区界线和铁路等,但不要选在道路中线上。这种固定的区域要包括所有通过主要临街商店的道路,避免在境界线上有较大的临街商业网点。由于这种调查要获得出入中心商业区的交通量的详细资料,对各种机动车、非机动车、行人、乘客的数量都应按方向调查统计,因此一般采用人工计数法。由于中心商业区出入交通量调查规模较大,涉及面广,需用大批人员,因此必要时可通过当地政府、有关部门和单位的协助,动员学校学生等参加调查。

7. 分隔查核线交通量调查

分隔查核线交通量调查是为了记录跨越一个主要地理障碍物或行驶于两地区之间的交通量。分隔查核线是沿地理或自然界限设置的,这样可使跨越分隔查核线的道路条数保持最少的数量。分隔查核线交通量调查是起讫点调查精度检验的一个重要组成部分。把家访调查所获得的起止于查核线两侧的总出行数(交通量)相加起来,与实际调查的交通量相比较,就可以看出两者相接近的程度。

分隔查核线交通量调查通常至少要用便携式检测器(或人工)进行1天连续24h的观测。如果调查是用于验证起讫点调查资料,则必须进行几天的调查,并至少相隔1周。这样可以发现和改正人工计数时的不正常情况。

三、交通量资料整理与分析

对于花费了许多时间、人力、财力等所获得的调查资料,应该十分珍惜,认真整理和分析,以便让这些资料发挥应有的作用。下面主要介绍交通量的换算与表示方法。

1. 车辆换算系数

由于现实的交通组成千差万别,为了让不同交通组成的交通流能够在同样的尺度下进行分析,使它们之间具有可比性,在分析计算通行能力时,首先需要将标准汽车交通量与实际或预测的交通组成中各类车辆交通量换算成标准车当量,此时,需要用到车辆换算系数。对此系数的定义是:在通行能力方面,某类车辆的一辆车等于标准车辆的车辆数。表3-8给出了我国《公路工程技术标准》(JTG B01—2014)规定的确定车辆折算系数的方法,表3-9给出了我国《城市道路工程设计规范》(CJJ 37—2012)规定的各种车辆的换算系数。

《公路工程技术标准》(JTG B01—2014)规定的车辆折算系数　　　　表3-8

汽车代表车型	车辆折算系数	说　　　明
小客车	1.0	座位≤19座的客车和载质量≤2t的货车
中型车	1.5	座位>19座的客车和2t<载质量≤7t的货车
大型车	2.0	7t<载质量≤14t的货车
汽车列车	4.0	载质量>20t的货车

《城市道路工程设计规范》(CJJ 37—2012)规定的车辆换算系数　　　　表3-9

车辆类型	小客车	大型客车	大型货车	铰接车
换算系数	1.0	2.0	2.5	3.0

2. 换算交通量

换算交通量也称为当量交通量,就是将总交通量中各类车辆交通量换算成标准车型交通量之和。其计算式如式(3-12)所示:

$$V_e = V \sum P_i E_i \tag{3-12}$$

式中:V_e——当量交通量(veh);
　　　V——总的自然交通量(veh);
　　　P_i——第i类车交通量占总交通量的百分比(%);
　　　E_i——第i类车的车辆换算系数。

3. 汇总表

汇总表要有内容详细的表头,至少应包括现场记录表表头的所有项目。汇总表竖向一般按时间分隔,若15min一栏,则每小时要小计一次,横向可以按车种分隔,当不计车种时,可以按流向划分。对于长期连续观测站的资料,每周的调查结果可以汇总于一张表内。对于交叉口高峰期的调查结果,还应提出高峰小时各入口方向分流向分车种的交通量汇总表以及以百分比表示的流向分布和车种分布表。表3-10和表3-11为机动车交通量和非机动车交通量汇总表,供参考。

机动车交通量汇总表

表3-10

地点_____路　　路口编号_____进口_____　　路口形式(十)、(T)

日期____年____月____日　星期____上下午,天气(晴)、(阴)、(雨)　控制方式(手)、(自)

5min时段	左 转					直 行					右 转					红灯(右转)					小计	一次停车	周期数
	大	中	小	公	电	大	中	小	公	电	大	中	小	公	电	大	中	小	公	电			
00~05																							
05~10																							
10~15																							
15~20																							
20~25																							
25~30																							
30~35																							
35~40																							
40~45																							
45~50																							
50~55																							
55~60																							
合计																							

非机动车交通量汇总表

表3-11

地点_____路　　路口编号_____进口_____　　路口形式(十)、(T)

日期____年____月____日　星期____上下午,天气(晴)、(阴)、(雨)　非机动车道宽度____(m)

5min时段	左转	直行	右转	红灯右转	小计	红灯时到达数	红灯到达数通过时间	绿灯时通过数	周期数
00~05									
05~10									
10~15									
15~20									
20~25									
25~30									
30~35									
35~40									
40~45									
45~50									
50~55									
55~60									
合计									

二、实训方法

1. 教师讲解

简明扼要地介绍本次实训任务的学习目的、实训要求及实训成果;结合本单元所学内容,讲解本次实训所涉及的关键环节并介绍可行的操作方法,如本次交通特性调查分析重点涉及:①调查问卷设计;②问卷调查实施;③调查结果分析;④调查报告撰写;⑤调查汇报 PPT 制作。教师需要针对这五方面的内容,在大致了解学生情况的基础上,进行针对性的讲解,使学生明确工作思路和基本方法,确保大部分学生都能正确理解和掌握实训任务。

需要说明的是,本单元实训任务与单元一的技能训练任务有一定的承接关系,体现了知识的内在联系和专业技能训练的传承与巩固。

2. 学生实训

要求分组进行实训。建议采用自愿原则进行分组,每个小组至少 2 名同学,极端情况下不得超过 3 名同学。每个小组从以下 5 个选题中任选一个题目,完成相应的调查问卷设计、调查资料整理及 PPT 制作,并在课堂上进行分组汇报,然后由小组进行成绩互评。

(1) 驾驶员交通特性调查分析报告;
(2) 汽车交通特性调查分析报告;
(3) 行人交通特征调查分析报告;
(4) 公路交通特征调查分析报告;
(5) 城市道路交通特征调查分析报告。

三、任务清单

(1) 每小组提交一份《×××交通特性调查分析报告》(Word 文档)。
(2) 每小组提交一份《×××交通特性调查分析报告》汇报 PPT 文档。
(3) 每小组在课堂上汇报调查分析报告,其余小组对汇报小组进行评价。

四、注意事项

教师在布置任务前对学生基本需求进行必要的了解,对本次实训任务成果的规范性做必要的界定,使学生能够完整、正确地理解本次实训任务的主要内容,能够掌握调查问卷设计方法,认真负责地完成问卷调查,掌握 Word 与 PPT 文档的制作,通过课堂上的汇报演讲,对学生在公开场合的语言表达与自我形象展示能力进行训练,让学生在此过程中有强烈的参与感、成就感和专业归属感,进一步提升学生对交通专业的认知。

思考练习

1. 试分析驾驶员的视力、视野与车速之间的对应关系。

4. 柱状图

柱状图常用来表示一天中小时交通量的变化,典型的形式如图3-5所示。横坐标为绝对时间,纵坐标为相应小时的交通量,更多的是用小时交通量占日交通量的百分比,一般采用双向交通量的合计值。

5. 曲线图

曲线图常用来表示连续观测站交通量随时序的变化,一般有交通量1d内的小时变化(时变),1星期内的逐日变化(日变),1年内的逐月变化(月变),以及1年内8760h(闰年为8784h)交通量由大到小排列的年小时交通量变化等图。其代表性图式见图3-7和图3-8。图3-7a)为时变图,其纵坐标既可用各小时交通量占日交通量的百分比,也可用绝对数值,显得直观方便。图3-7b)为日变图,横坐标为各周日,纵坐标为每日的交通量占周平均日交通量的百分比。图3-7c)为月变图,横坐标为各个月,纵坐标为各月交通量占年平均月交通量的百分比。图3-8为年小时交通量变化图,横坐标为从最大值算起的小时次序,纵坐标为小时交通量与年平均日交通量之比的百分数。由于图幅的限制和资料应用的方便,一般仅需要绘出前200位小时交通量即已足够用于分析。

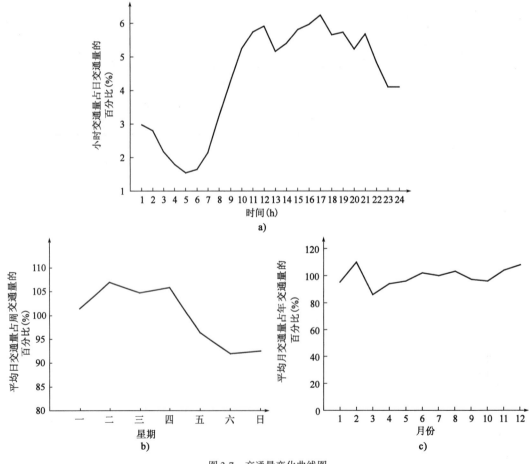

图3-7 交通量变化曲线图

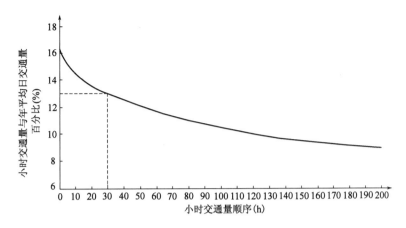

图3-8 年小时交通量顺序变化图

6.流量流向图

流量流向图用来表示交叉路口车辆的运行状况。图3-9为分车种(小汽车、公共汽车、货车和自行车及行人)的流量流向示意图;图3-10为高峰小时的流量流向示意图,机动车未分车种,一般高峰小时采用三天(星期六、星期日或星期一至星期五中的一天)高峰小时的平均值。

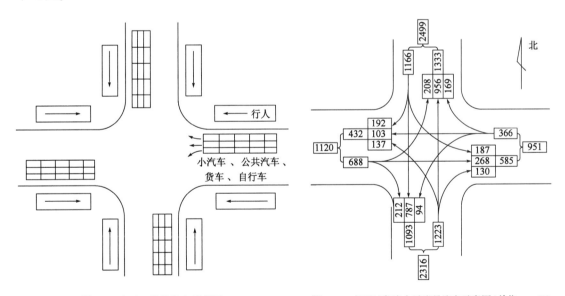

图3-9 交叉口流量流向示意图   图3-10 交叉口高峰小时流量流向示意图(单位:pcu/h)

还有按运行方向用箭头表示的流量流向示意图,如图3-11所示,将各向流量用数字注明,这种方法形象直观,可一目了然地看清交叉口的流量流向分布。通常根据高峰小时的交通量绘制,也可以直接用混合交通量代替。但为了相互比较或与历史资料比较,最好一律换成当量交通量。

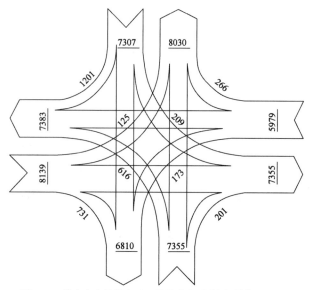

图 3-11 按方向表示的交叉口流量流向示意图(单位:pcu/h)

7. 路网流量图

路网流量图根据路网交通量普查资料绘制,用宽度与交通量成正比的线条表示出各条道路的交通量,并注以数字,如图 3-12 所示。最好采用年平均日交通量绘制,也可以用平均日交通量或高峰小时交通量以及其他周期的交通量。当交通量的方向性较显著时,最好用两种不同的线条加以区分。

8. 出入交通量图

出入交通量如图 3-13 所示,通常用来表示小区出入交通量的调查结果。按一定的比例将 12h 或调查持续时间进入和流出该区域的交通量总数分别标在各观测断面上,对于机动车、非机动车和人流量应分别绘制。另外再画一张柱状图,表示每小时各断面出入交通量的合计值。

四、交通量资料的应用

交通量资料在交通规划、设计、运营、管理和研究等方面有着广泛的用途,现扼要叙述如下。

1. 确定道路分级的重要依据

交通量是我国公路划分技术等级的基本依据。比如我国《公路工程技术标准》(JTG B01—2014)中提到,四车道高速公路应能适应将各种汽车折合成小客车的年平均日交通量 25000~55000 辆;六车道高速公路应能适应将各种汽车折合成小客车的年平均日交通量 45000~80000 辆;八车道高速公路应能适应将各种汽车折合成小客车的年平均日交通量 60000~100000 辆。

2. 为道路几何设计和确定交通管理设施提供依据

交通量是一个最基本的数据,有了这个数据,才能确定道路的宽度、交叉口的类型、交通管理设施和道路的断面形式等。比如可以利用设计小时交通量、车行道宽度来确定规划车道数量,或者在交叉路口根据交通量来确定是否有必要考虑安装信号灯并进行信号配时。

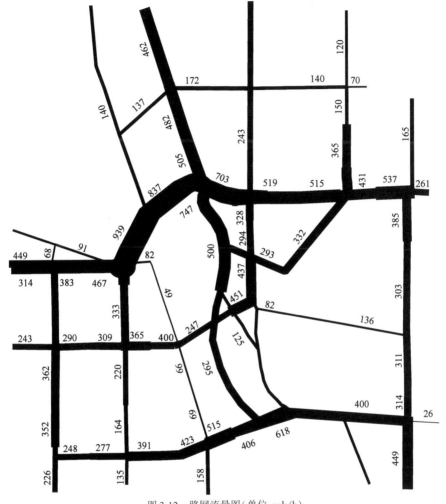

图3-12 路网流量图(单位:veh/h)

3. 评定已有道路的使用情况

通过交通量调查,可以判断是否达到饱和程度、服务水平如何、是否需要改建或另辟新线。无论是新建一条公路或改建一条路,都要进行经济分析,论证其必要性与合理性。这就要看可能吸引到新线上的交通量有多少,在此基础上可计算出由于新线比旧线通畅而获得的经济效益有多大,以便安排筑路的先后顺序。

4. 评价道路交通安全程度

有了交通量才能评价不同道路上的交通事故发生率。交通事故表示方法有绝对数字与相对数字之分。例如,某条公路日交通量为10000辆,一年发生交通事故15起,另一条公路,日交通量为200辆,一年发生交通事故2起。粗看起来,前者不如后者安全,实则相反,若用相对数表示,前者的事故率为0.15%,后者为1%。

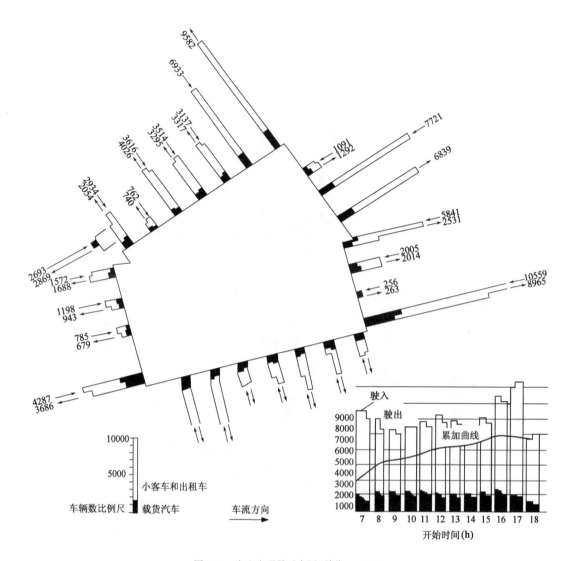

图 3-13　出入交通量示意图(单位:veh/h)

5. 探求交通趋势

通过交通量调查,经统计分析,可以找出交通量增长的规律,据此预测若干年后的交通量,为交通规划和路网建设提供依据。

6. 安排交通运营与管制措施

一般经过交通量调查,把各路的流量标记在相应道路上,这就是通常所说的流量图。从流量图上可以一目了然地看出哪条路交通拥挤,哪条路不太拥挤。行车调度和驾驶员据此可选择行车路线。对于交通管理部门,可以根据公路的流量确定哪里需要采取单行或禁止货车、禁止左转等管理措施。

模块四　行车速度及其特性分析

行车速度既是交通规划设计中的重要参数,也是交通营运与管理中的关键评价指标,对运输经济、运输安全具有重要意义。

一、行车速度的定义及分类

行车速度简称车速,是单位时间内车辆所行驶的距离,通常用 S 表示运行距离,用 t 表示所需时间,则车速可用式(3-13)表示:

$$v = \frac{S}{t} \tag{3-13}$$

车辆在行驶过程中,常出现加速、减速、急速等情况,为此在交通分析中亦可用图示的方法表示,如图 3-14 所示。

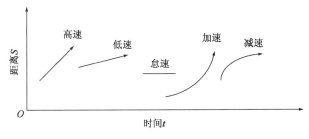

图 3-14　不同车速变化图

按照运行距离 S 和时间 t 的不同取值,行车速度可分为地点车速、行程车速、行驶车速、运营车速、临界车速和设计车速,它们的定义如下:

1. 地点车速

车辆通过某一地点(道路某断面)时的车速,亦称瞬时车速,用式(3-14)表示。实际观测时,一般 S 取 20~25m 为宜。地点车速是描述道路某地点交通状况的重要参数,常用于道路设计、交通管制和规划资料。

$$V_{\text{地点}} = \lim_{t \to 0} \frac{S}{t} \tag{3-14}$$

2. 行程车速

行程车速亦称区间车速,是车辆行驶在道路某一区间的距离与行程时间的比值。行程时间包括行驶时间和中途受阻时的停车时间。行程车速是评价道路行车通畅程度与分析车辆发生延误原因的重要数据。

3. 行驶车速

行驶车速亦称运行车速,是指车辆行驶在道路某一区间的距离与行驶时间(行程时间中扣除因阻滞而产生的停车时间)的比值。行驶车速是衡量道路服务质量、估算路段通行能力及延误的主要参数。

4. 运营车速

车辆在运输路线上的周转速度即车辆行驶距离与运营时间的比值,例如公共汽车的运营时间包括行驶时间、停车延误时间、停靠站等待时间、起终点掉头时间和发车间隔时间。运营车速是衡量运输企业管理水平和运输效率的重要指标。

5. 临界车速

临界车速又称最佳速度,是指通行能力最大时的车速。从理论上考虑通行能力时采用,对于选择道路等级具有重要作用。

6. 设计车速

设计车速是指在道路几何设计要素具有控制性的特定路段上,具有平均驾驶技术水平的驾驶员在天气良好、低交通密度时所能维持的最高安全速度。设计车速是道路几何设计的基本依据,也是表明道路等级与使用水平的主要指标。

二、行车速度的统计分布特性

行车速度与交通量一样,也是一个随机变量。研究表明:在乡村公路和高速公路路段上,运行车速(行驶车速)一般呈正态分布;在城市道路或高速公路入口或出口匝道处,车速一般比较集中,呈偏态分布(皮尔逊Ⅲ型)。

对行车速度的统计,一般用频率、累计频率来描述,图 3-15a)显示了某地点车速的频率分布图,图 3-15b)为该地点车速的累计频率分布图。

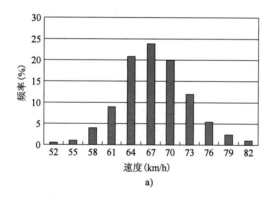
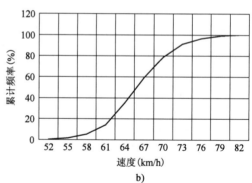

图 3-15 某城市路段行车速度统计特性示意图

一般来说,对于行车速度的统计分布特性,有中位车速、85%位车速、15%位车速等特征车速。

1. 中位车速

中位车速也称 50% 位车速,是指在统计范围内在该速度以下的频率(次)与在该速度以上的频率(次)相等。在正态分布的情况下,50% 位车速等于平均车速,但一般情况下,两者不等。

2. 85%位车速

85%位车速是指在该统计范围内占第85%累计频率的那个统计速度,换言之,只有15%的统计速度比该速度高,交通管理部门常以此作为某些路段的最高限制车速。

3. 15%位车速

15%位车速与85%位车速相对应,指统计范围内仅仅有15%的统计速度比该速度低,通常用于最低限制车速。在高速公路和快速道路上,为了行车安全,减少阻塞排队现象,要规定低速限制,因此15%位车速测定是非常重要的。

85%位车速与15%位车速之差反映了该路段上的车速波动幅度,研究表明,统计速度的标准偏差 S 与85%位车速和15%位车速之间存在如下近似关系:

$$S = \frac{85\%位车速 - 15\%位车速}{2.07} \tag{3-15}$$

因此,可用85%位车速与15%位车速一起来反映行车速度的统计特征。

三、时间平均车速与空间平均车速

1. 时间平均车速

时间平均车速是指道路某一断面上车速分布的平均值,即断面上各车辆通过时其地点车速的算术平均值。

$$\bar{v}_t = \frac{1}{n}\sum_{i=1}^{n} v_i \tag{3-16}$$

式中:$\bar{v}_t$——时间平均车速(km/h);

v_i——第 i 辆车的地点车速(km/h);

n——单位时间内通过某道路断面的车辆总数(veh)。

2. 空间平均车速

空间平均车速又称为区间平均车速,是指在给定的路段上,同一瞬间车速分布的平均值,用公式(3-17)表示为:

$$\bar{v}_s = \frac{1}{n\Delta t}\sum_{i=1}^{n}\Delta S_i \tag{3-17}$$

式中:$\bar{v}_s$——空间平均车速(km/h);

Δt——某一瞬时(h);

n——某一瞬时在路段长度 L 上分布的车辆总数(veh);

ΔS_i——在路段 L 上,第 i 辆车在 Δt 时间内的行驶距离(km)。

当观测长度一定时,空间平均车速在数值上为地点车速观测值的调和平均值。空间平均车速又可以表述为:

$$\bar{v}_s = \frac{1}{\frac{1}{n}\sum_{i=1}^{n}\frac{1}{v_i}} \tag{3-18}$$

式中:$\bar{v}_s$——空间平均车速(km/h);

n——特定路段长度内观测到的车辆总数(veh);
v_i——第 i 辆车的行驶车速(km/h)。

3. 时间平均车速与空间平均车速的关系

经推导,时间平均车速和空间平均车速之间有如下关系:

$$\bar{v}_s = \bar{v}_t - \frac{\sigma_t^2}{\bar{v}_t} \quad \text{或} \quad \bar{v}_t = \bar{v}_s + \frac{\sigma_s^2}{\bar{v}_s} \tag{3-19}$$

式中:σ_t^2——时间平均车速观测值的方差;

σ_s^2——区间平均车速观测值的方差。

时间平均车速和空间平均车速均为交通流理论研究中的主要特征参数,其定义也可以用图 3-16 表示。

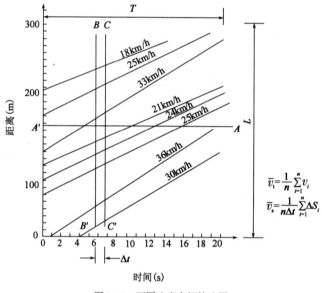

图 3-16 不同速度车辆轨迹图

【案例 3-4】 设有 6 辆汽车,分别以 63km/h、25km/h、41km/h、55km/h、43km/h、67km/h 的速度,通过路程长度为 8km 的路段,试求时间平均车速和区间平均车速。

解:计算时间平均车速

$$\bar{v}_t = \frac{1}{n}\sum_{i=1}^{n} v_i = \frac{1}{6} \times (63+25+41+55+43+67) = 49(\text{km/h})$$

计算区间平均车速:

$$\bar{v}_s = \frac{1}{\frac{1}{n}\sum_{i=1}^{n}\frac{1}{v_i}} = \frac{1}{\frac{1}{6} \times \left(\frac{1}{63}+\frac{1}{25}+\frac{1}{41}+\frac{1}{55}+\frac{1}{43}+\frac{1}{67}\right)} = 43.92(\text{km/h})$$

另外,时间平均车速和区间平均车速之间的关系也可以通过回归分析得到,即:

$$\bar{v}_s = -1.88960 + 1.02619\bar{v}_t \tag{3-20}$$

由式(3-20)可以看出,如果速度提高,两者之间的差异变小,即区间平均车速将接近于时间平均车速。

模块五 地点车速调查及数据处理

一、地点车速调查的目的

(1)掌握某地点车速分布规律及速度变化趋势。
(2)作为交叉口交通设计的重要参数。
(3)用于交通事故分析。
(4)判断交通改善措施的成效。
(5)确定道路限制车速。
(6)设置交通标志的依据。
(7)局部地点如道路弯道、坡度、瓶颈等处的交通改善设计的依据。
(8)交通流理论研究中的重要参数。

二、地点车速调查要素的确定

1. 观测地点的选择

选择观测地点时一般应考虑以下几个方面：
(1)应选择视野条件好的道路直线段,并应选择在无特殊交通标志、交通信号、无公交站台和不受道路交叉影响的道路区间部分,如图3-17所示。

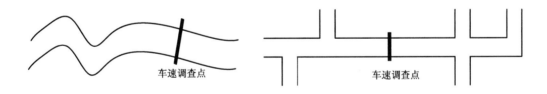

a)公路路段调查点选择　　　　　　　　b)城市路段调查点选择

图3-17　地点车速调查点选择

(2)对于某些拟测的特定地点,如交通事故频发地点、拟限制行车速度地段、准备设置交通信号与交通标志地点的车速调查时,可以不受上述限制而于该处设置观测点。
(3)当为判断交通措施效果而进行事前、事后调查时,应选择同一位置。
(4)对交通营运有重要影响而进行前后车速对比调查的地段和固定观测收集基本数据的地段,均应选择有代表性的地点进行观测。
(5)为使调查结果不受调查本身的影响,在选择调查地点时,还应注意测量仪器及观测人员应不吸引驾驶员注意,并且不引起群众的围观。
总之,观测地点的选择应服从于观测目的,以取得实际正常车速为目标。

2.调查时间的选择

通常,地点车速的调查应选择天气良好、交通和道路状况正常的日期进行,对于严寒、酷暑、大风雪等恶劣天气不宜进行观测。当有特殊需要时,才观测此特殊条件下的车速。

调查时间决定于调查的目的和用途,调查车速限制、收集基础资料等一般性的调查,应选择非高峰时段,国外常选用下列三个时段中的一个小时。

(1)9:00—17:30;
(2)14:30—16:00;
(3)19:00—21:00。

究竟选择哪一个小时去调查,要视具体情况而定,应以反映正常情况、有充分代表性为原则。如做长期观测或对比调查,应尽可能使先后调查的交通状况保持大致相似的条件为宜。

3.观测样本的选择

(1)样本量的确定方法

为满足统计结果的精度要求,根据《交通工程手册》,地点车速调查的最小样本量可以按照公式(3-21)计算。

$$N \geqslant \left(\frac{SK}{E}\right)^2 \tag{3-21}$$

式中:N——最少样本量;
S——计算的样本标准差(km/h);
K——相应于要求置信度的常数;
E——车速计算中的容许误差(km/h)。

S值可以根据以前调查的经验选用,当没有这方面的资料时,可以根据交通区域与道路类型按表3-12查用。从表3-12可知,平均标准差分布在6.8~8.5km/h范围内。为简单起见,建议无论何种区域何种道路,一律取$S=8.0$km/h,以最大限度地保证统计结果精度。

用于确定样本量的地点车速标准差　　　　表3-12

交通区域	道路类型	标准差(km/h)
郊区	2车道	8.5
	4车道	6.8
过渡地带	2车道	8.5
	4车道	8.5
城市	2车道	7.7
	4车道	7.9
整数值	—	8

K值根据要求的置信度来确定。对于正态分布,按表3-13取用。

相应于置信度的 K 值　　　　　　　　　　　　表 3-13

常　数　K	置信度(%)	常　数　K	置信度(%)
1.00	68.3	2.00	95.5
1.50	86.6	2.50	98.8
1.64	90.0	2.58	99.0
1.96	95.0	3.00	99.7

车速计算中的容许误差 E 取决于平均车速所要求的精度。其取值范围为 $\pm 1.5 \sim \pm 8.9 \text{km/h}$，一般用 $1.5 \sim 2.0 \text{km/h}$，或再小一些。

【案例 3-5】 在一条城市 4 车道的道路上，希望得到平均车速的容许误差在 2km/h 以内，并具有 95% 置信度，问至少应调查多少份样本？

解：查表 3-12 得，地点车速标准差 $S = 7.9 \text{km/h}$，查表 3-13 得 95% 置信度水平对应的常数 $K = 1.96$，故由式 (3-21) 得

$$N \geq \left(\frac{SK}{E}\right)^2 = \left(\frac{7.9 \times 1.96}{2}\right)^2 = 59.94 \text{（辆）}$$

即至少应观测 60 辆。

如果关心的不是平均车速，而是某一百分位的车速，则所需的最小样本量由下式得出：

$$N \geq \frac{S^2 K^2 (2 + v^2)}{2 E^2} \tag{3-22}$$

式中：v——常数；

$$v = \begin{cases} 0.0, \text{平均车速} \\ 1.04, 15\% \text{ 或 } 85\% \text{ 位车速} \\ 1.64, 5\% \text{ 或 } 95\% \text{ 位车速} \end{cases}$$

其余符号意义同式 (3-21)。

案例 3-5 中，如果关心的是 85% 位车速，则最小样本量为：

$$N \geq \frac{7.9^2 \times 1.96^2 \times (2 + 1.04^2)}{2 \times 2^2} = 92.35 \text{（辆）}$$

即至少应观测 93 辆。

(2) 样本的选择方法

通常任一样本中，至少应测定 50 辆（最好为 100 辆以上）汽车的速度。交通量较低（高峰小时少于 200 辆或更少）时，观测员有可能测得其中 90% 或更多车辆的车速。交通量较大时，就不可能将每辆车的速度都测量下来，因而需要选择，即进行抽样。为了不致产生偏见，观测人员应从车流中进行随机取样。

三、地点车速调查方法

地点车速调查可采用人工量测法和自动量测法。这些方法的选择取决于可得到的仪器设备、人员和费用等。人工量测法在实施过程中，一般取该地点车辆平均通过时间不少于 1.5s 所对应的长度作为距离，然后由 3 个观测员完成观测样本（车辆）通过该距离的时间，即可以得到地点车速。由于观测过程中存在计时、测距等问题，如果控制不好可能会存在较大观测误

差。目前,人工量测法已经逐步由自动量测法代替,应用较广泛的是雷达测速法和双地感线圈检测器测速法。

1. 雷达测速法

雷达测速法十分简单方便,测量时,只要将测速雷达设备瞄准运行的车辆,即能读出车辆的瞬时车速。其基本原理是应用反射波的多普勒效应,当雷达测速设备瞄准被测车辆时,发射高频微波,遇到车辆后反射回来,根据发射波和反射波的频率差与车辆行驶速度成正比的关系,得到车辆的瞬时车速,雷达测速原理如图3-18所示。

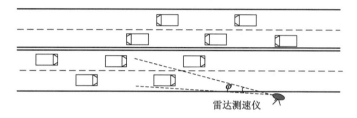

图3-18 雷达测速原理图

雷达测速法所用设备中,以手持雷达枪(图3-19)和悬挂式雷达测速仪居多。

图3-19 雷达测速设备

目前,国际上规定用于测速的波段有X段(10.525GHz)和K段(24.150GHz)两种。除此之外,欧洲生产的绝大部分测速产品的微波标准为Ku段(13.400GHz),美国生产的测速产品则以Ka段(34.700GHz)为主。在中国,以上四种波段同时存在。就北京而言,X段和K段的覆盖率在80%,Ka段和Ku段的覆盖率约占20%。

2. 双地感线圈测速法

双地感线圈测速法的基本原理是,在车道上相距1~2m的地方安装两个地埋式感应线圈,当车辆连续通过这两个线圈以后,可以测量得到车辆通过这两个线圈所花的时间,由此可计算出车辆通过这两个线圈的速度值,将其近似地作为地点车速值。由此可见,测时精度决定了测速的精度,据统计,基于双地感线圈的地点车速测量精度普遍可达到99%以上。由于性价比高,目前双地感线圈测速法在交通管理中得到了大量应用。但是,地感线圈也存在安装不便、容易损坏等突出问题。

四、车速调查资料的整理和分析

车速资料的整理主要应给出时间平均车速频率分布曲线、车速累计频率分布曲线,并对车速总体平均数做出区间估计。

由于车速属于连续型随机变量,对这类数据,一般应采取分组整理。所谓分组整理法就是将调查数据所分布的范围划分成若干首尾相接的区间,每个区间称为一个组。在数理统计上,通常要求将原始数据分成 10~20 个组,亦有分为 7~8 个组的。如果分组太少,计算结果过于粗糙,分组太多,又失去了分组的意义。每一组的组距要尽可能取得规则一些,如果条件许可,尽可能取整或取偶。

组数和组距确定后,接着要确定第一组的上下限,通常只要将原始数据中的最小值包含进第一组即可。由于组距和第一组区间的下限的选择可以不同,最后实际划分的组数可能与原定的有所差异,这无碍进一步的分析工作。在地点车速资料整理中,常需进行以下数学分析。

1. 计算统计特征值

(1) 均值

均值即平均地点车速。

$$\overline{V} = \frac{1}{n}\sum_{i=1}^{k} f'_i v_i \tag{3-23}$$

式中:$\overline{V}$——地点车速的算术平均值(km/h);

v_i——各组车速的平均值(km/h);

f'_i——第 i 分组地点速度观测值出现的频数;

k——分组数;

n——观测的总车辆数(辆)。

(2) 最小值

最小值即样本中的最小车速。

(3) 最大值

最大值即样本中的最大车速。

(4) 中间速度

中间速度是速度按递增或递减顺序排列的中间值,所观测的车速有一半大于此值,一半小于此值。中间速度等于累计频率分布曲线上累计频率为 50% 的车速,亦即将累计频率分布曲线划分为两个面积相等部分的垂线与横坐标的交点。

(5) 85% 位速度和 15% 位速度

在累计频率分布曲线中,累计频率为 85% 和 15% 所对应的速度值,分别是 85% 位速度和 15% 位速度。

(6) 样本标准差

样本标准差是衡量观测样本数据离散程度的重要指标,其计算公式如下:

$$\sigma = \sqrt{\frac{\sum_{i=1}^{n} f'_i (v_i - \overline{V})^2}{n-1}} \tag{3-24}$$

将式(3-23)代入式(3-24)后,得到:

$$\sigma = \sqrt{\frac{\sum_{i=1}^{n} f_i' v_i^2}{n-1} - \frac{(\sum_{i=1}^{n} f_i v_i)^2}{n(n-1)}} \quad \text{或} \quad \sigma = \sqrt{\frac{\sum_{i=1}^{n} f_i' v_i^2}{n-1} - \frac{n}{n-1}\overline{V}^2} \tag{3-25}$$

式中:f_i'——V_i 出现的频数;

其余符号意义同前。

(7)离差

离差即样本中的最大车速与最小车速的差值。它反映车速的分布幅度。

2. 对车速总体的均值作区间估计

根据数理统计理论,小样本量的区间估计一般采用 t 分布计算区间估计值 E:

$$E = \pm \frac{\sigma t_a(n-1)}{\sqrt{n}} \tag{3-26}$$

式中:t_a——给定置信度 $1-\alpha(0<\alpha<1)$ 且自由度为 $n-1$ 的 t 分布双侧分位数;

σ——样本标准差;

n——样本容量。

3. 分析车速的频率分布

【案例3-6】 经观测,某一地点的车速,按照有效到达的顺序,列在表3-14的左边第2列中,第3列为同一车速出现的频数,第4列与第5列数据为整理结果,分别为速度的频率和累计频率。试以此表为基础,分析车速的频率分布。

某地点车速的调查数据　　　　　　　　　表3-14

序号i	区间车速均值v_i (km/h)	频数f_i'	频率f_i (%)	累计频率F_i (%)	$f_i'v_i$	v_i^2	$f_i'v_i^2$
1	48	1	3.33	3.33	48	2304	2304
2	50	1	3.33	6.67	50	2500	2500
3	52	3	10.00	16.67	156	2704	8112
4	54	4	13.33	30.00	216	2916	11664
5	56	5	16.67	46.67	280	3136	15680
6	58	5	16.67	63.33	290	3364	16820
7	60	4	13.33	76.67	240	3600	14400
8	62	3	10.00	86.67	186	3844	11532
9	64	2	6.67	93.33	128	4096	8192
10	66	1	3.33	96.67	66	4356	4356
11	68	1	3.33	100.00	68	4624	4624
合计		30	100		1728		100184

解:由于计算上的需要,也为了便于检查,在表3-14的第6~8列内,列出 $f_i'v_i$、v_i^2 和 $f_i'v_i^2$。由表3-14,可进行如下工作。

(1)计算统计特征值

均值:

$$\overline{V} = \frac{1}{n}\sum_{i=1}^{k} f'_i v_i = \frac{1728}{30} = 57.60 (\text{km/h})$$

最小值：$v_{\min} = 48 \text{km/h}$

最大值：$v_{\max} = 68 \text{km/h}$

样本标准差：

$$\sigma = \sqrt{\frac{\sum_{i=1}^{n} f'^2_i v^2_i}{n-1} - \frac{n}{n-1}\overline{V}^2} = \sqrt{\frac{100184}{30-1} - \frac{30}{30-1} \times 57.6^2} = 4.74$$

离差：

$$L_X = 68 - 48 = 20 (\text{km/h})$$

（2）对车速总体的均值作区间估计

采用公式（3-26）计算误差估计区间 E。由前面的统计分析可知，本次区间估计的自由度为 $n-1=19$，取显著水平 $\alpha=0.05$，即置信度为 $1-0.05=0.95(95\%)$，查 t 分布双侧分位数表（表3-15）可得 $t_a(n-1)=2.093025$，于是：

$$E = \pm \frac{4.74 \times 2.093}{\sqrt{30}} = \pm 1.81 (\text{km/h})$$

可见，本次调查的地点车速的总体均值 $\overline{V}_总$ 所在区间为 $(\overline{V} \pm E)$，即 $55.79 < \overline{V}_总 < 59.41$。

t 分布双侧分位数表（部分）   表 3-15

n	α					
	0.30	0.20	0.10	0.05	0.02	0.01
1	1.962612	3.077685	6.313749	12.706150	31.820964	63.655898
2	1.386206	1.885619	2.919987	4.302656	6.964547	9.924988
3	1.249778	1.637745	2.353363	3.182449	4.540707	5.840848
…	…	…	…	…	…	…
19	1.065507	1.327728	1.729131	2.093025	2.539482	2.860943
20	1.064016	1.325341	1.724718	2.085962	2.527977	2.845336
…	…	…	…	…	…	…

（3）绘制频率分布曲线和累计频率分布曲线

在直角坐标系内，以速度为横坐标，分别以频率、累计频率为纵坐标，绘制频率分布曲线和累计频率分布曲线，如图 3-20、图 3-21 所示。

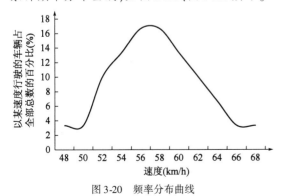

图 3-20　频率分布曲线

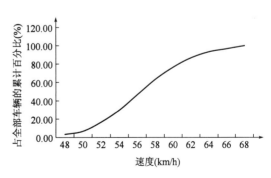

图 3-21　累计频率分布曲线

模块六　交通密度及其特性分析

一、交通密度定义

交通密度是指一条车道上车辆的密集程度,即在某一瞬时内单位长度一条车道上的车辆数,又称车流密度,常以 K 表示,其单位为辆/公里(veh/km),如果是多车道,则应除以车道数换算成单车道的车辆数然后再计算,表示式为:

$$K = \frac{N}{L} \tag{3-27}$$

式中:K——车流密度(veh/km);
　　　N——单车道路段内的车辆数(veh);
　　　L——路段长度(km)。

二、车头间距与车头时距

在同向行驶的一列车队中,相邻两辆车的车头之间的距离称为车头间距(或间隔)。路段中所有车头间距的平均值称为平均车头间距 h_s。如果用时间表示车头之间的间隔,则称为车头时距或时间车头间距,以 h_t 表示。道路上车流的车头间距也反映交通密度,根据定义,车头间距 h_s 和密度之间的关系为:

$$h_s = \frac{1000}{K} \tag{3-28}$$

式中:h_s——车头间距(m/veh);
　　　K——车流密度(veh/km)。

车头时距和交通量之间的关系为:

$$h_t = \frac{3600}{Q} \tag{3-29}$$

式中:Q——道路的交通量(veh/h);
　　　h_t——平均车头时距(s/veh)。

车头间距 h_s、车头时距 h_t 及速度 v 三者之间的关系为:

$$h_s = \frac{v}{3.6} h_t \tag{3-30}$$

式中:v——汽车的行驶速度(km/h)。

【案例3-7】　在一条长30km的某路段的起点断面上,在5min内测得60辆汽车,车流是均匀连续的,$v = 30$km/h,试求 Q、h_t、h_s、K 以及第一辆车通过这段路所需时间 t。

解:

$$Q = \frac{60}{5/60} = 720(\text{veh/h})$$

车头时距：

$$h_\text{t} = \frac{3600}{Q} = \frac{3600}{720} = 5\,(\text{s/veh})$$

车头间距：

$$h_\text{s} = \frac{v}{3.6}h_\text{t} \approx \frac{30}{3.6} \times 5 \approx 42\,(\text{m/veh})$$

车流密度：

$$K = \frac{1000}{h_\text{s}} = \frac{1000}{42} \approx 24\,(\text{veh/km})$$

第一辆车通过时间：

$$t = \frac{S}{v} = \frac{30}{30} = 1\,(\text{h})$$

从车头时距公式可知，车头时距与交通量有关，使车辆安全行驶的最短车头时距，称为极限车头时距或临界车头时距，此时距一般采用2s。根据美国资料，最小车头时距的允许值为：支路来车不停右转驶入主干道最小车头时距为3.0s，支路停车而后再右转进入主干道，最小车头时距为4.5~8.0s，左转弯驶入则为3.75~4.75s。

三、空间占有率和时间占有率

根据定义，密度是在一段道路上测得的瞬时值，它不仅随时间的变化而变动，也随测定区间的长度而变化。为此，常将瞬时密度用某总计时间的平均值表示。在实际应用中，除了用车头间距和车头时距来反映交通密度，往往还采用较容易测量的车辆的道路占用率来间接表征交通密度，车辆占有率越高，车流密度越大。它包括空间占有率和时间占有率。

1. 空间占有率

空间占有率是指在单位长度车道上，汽车投影面积总和占车道面积的百分率。在实测中，一般测量路段（车道）上的车辆总长度与该路段（车道）长度的百分比，其表达式如下：

$$R_\text{s} = \frac{1}{L}\sum_{i=1}^{n} l_i \tag{3-31}$$

式中：R_s——空间占有率（%）；

L——观测路段总长度（m）；

l_i——第i辆车的长度（m）；

n——观测路段内的车辆数（veh）。

车辆的空间占有率不仅与交通量有关，还与车辆的大小及空间平均车速有关。它表示的是某一时刻车辆占有路段的比例，用来反映观测路段上的交通负荷程度。

道路的空间占有率与密度的差别在于密度不能直接反映车队的长度，而车辆的空间占有率在测定时就已预见到车队的长度。

2. 时间占有率

时间占有率是指在道路的观测断面上，车辆通过时间累计值与测定时间的比值，一般用百分率表示，其表达式如下：

$$R_t = \frac{1}{t}\sum_{i=1}^{n} t_i \tag{3-32}$$

式中：R_t——时间占有率(%)；

t——测定时间长(s)；

t_i——第 i 辆车通过观测断面所占的时间(s)；

n——测定时间内通过观测断面的车辆数(veh)。

车辆的时间占有率不仅与交通量有关，还与车辆的长短及地点车速有关。

车辆的时间占有率与密度的差别在于密度是在一个区间段内测定的，而道路的时间占有率是在一点上测得的，交通量也在一点测得，两者之间可建立直接的联系。

模块七　交通密度调查及资料应用

交通密度调查主要有出入量法、照相法，后者又分为近景摄影测量法与航空摄像测量法。随着低空多旋翼无人机技术的飞速发展，利用低空多旋翼无人机进行交通密度调查已成为主流。下面介绍近景摄影测量法和航空摄像测量法，关于其他方法有兴趣的读者可查阅相关资料。

一、近景摄影测量法

1. 测定方法

目前在路段交通密度的近景摄影测量中，通常采用 16mm 焦距的数字摄像机进行视频拍摄。视频由多张连续图像(帧)构成，每秒钟视频包含的帧数被称为帧率，单位为 fps(Frame Per Second)。另外，常见的视频制式一般为 PAL(Phase Alternating Line)和 NTSC(National Television System Committee)，通常称为 P 制和 N 制。中国地区电源频率是 50Hz，一般使用 P 制，在 P 制模式下，视频帧率达到 25fps 就可以呈现实时效果。

在具体测定时，一般选择适合安装摄像机的高处位置(如某个高楼顶上或路灯杆上)，将摄像机对准要观测的路段进行安装固定，同时调整摄像机确保能看清道路上的车辆运行状况。由于测定路段的长度依路段内的状况和周围地区条件而变化，考虑到交通密度统计的方便性，一般取 50~100m 的观测长度，并且利用车道分隔线的段数、护栏支柱数或电线杆数等参照物用于标记。如果被观测路段长度超过该范围，也可以考虑增设多个摄像机分段同时进行观测。

2. 交通密度计算

根据上述观测资料，可按下面介绍的方法计算交通密度。

设数字摄像机在单位时间内拍摄的视频图像张数为 n，总观测时间为 T。观测人员在每一幅视频图像中，读取观测路段长度范围和清点出在此范围内存在的车辆数 k_i，将所有的 k_i 集中在总观测时间 T 内，用平均路段长度求算平均存在车辆数，然后再换算成每车道每公里存在的车辆数，亦即交通密度，可用式(3-33)表示。

$$K = \frac{\sum_{i=1}^{n} k_i}{n} \times \frac{1}{L} \tag{3-33}$$

式中：K——在 T 时间内被观测路段上的平均交通密度(veh/km)；

k_i——第 i 个画面上测定区间内由清点得到的车辆数(veh)；

n——在总观测时间 T 内，供读取车辆数用的画面数；

L——观测区间(路段)长度(km)。

对于 P 制视频而言，其帧率为 25fps，即每秒钟拍摄 25 幅图面。为了尽可能抵消观测过程中产生的偶然性或周期性误差，一般取总的观测时间在 5min 以上。这种基于近景摄影测量的交通密度测定方法可以很方便地看出交通密度随时间的变化情况；同时，又因为它包含短时间的变化，也可以描绘出交通密度的倾向性变化。

二、航空摄影测量法

1. 测定方法

航空摄影测量法(简称航测法)利用固定翼飞机或多旋翼机从空中向下垂直摄影，目前多采用高性价比的低空多旋翼无人机进行观测。在航测时，一般采用航空照相机(录像机)，摄影缩小比例尺一般按式(3-34)求得：

$$摄影缩小比例 = \frac{透镜的焦距}{摄影高度} \tag{3-34}$$

如果比例尺与透镜焦距已知，则可根据式(3-34)求得摄影高度。

2. 交通密度计算

航空摄影测量法路段交通密度的计算与近景摄影测量法交通密度计算相比，主要区别在于前者拍摄的图像上获取的道路长度要通过摄影缩小比例尺换算为真实的道路长度。因此，在航空摄影测量法摄影后的照片上读取观测路段内存在的车辆数后，可按上述交通密度计算式(3-33)与摄影缩小比例式(3-34)求得实际的道路平均交通密度。

航空摄像测量法在实施过程中需要投入较多的人力、物力和财力，为了尽可能提高该方法的投入产出效率，在实际使用时一般不会只进行道路交通密度的观测。

3. 航测法的优缺点

相比而言，采用航测法来测定路段的交通密度是最为适宜的方法。该方法基于中心投影原理，从空中对地面进行拍照，视野开阔，行动自由，可以很容易地采集地面道路交通密度参数。但是，航测法不适宜长时间的观测。这不仅是因为航测作业的费用高，还由于航测飞机在空中的飞行时间有限。

在利用航测法开展其他交通调查时,比如进行道路交通流的空间平均车速和其他的复杂交通现象观测时,航测过程中的飞机运动状态、摄像机的工作状态以及天气状况等都会影响到成像质量,进而影响最后的成果精度。另外,如果在城市上空进行航测作业,还会遭遇街区行道树的遮蔽,如果遇到隧道、跨线桥等构筑物时,航拍影像将无法获得这些被遮挡道路上的交通分布状况。

三、交通密度资料的应用

车流密度调查是交通调查的重要组成部分,它对了解和研究交通状况具有十分重要的作用。主要表现在:

(1) 车流密度是研究交通流理论和制定交通控制措施的重要基础数据。车流密度是描述交通流的三参数之一,调查车流密度即可对道路的三参数的函数关系进行研究,掌握交通的运行规律,以便预测未来交通运营发展情况,制定交通控制措施。

(2) 车流密度是划分道路服务水平的重要依据,是反映道路车辆拥挤程度的最直观的指标,直接反映了道路上车辆的密集程度。因此,了解道路的车流密度,就可以对道路的交通状况做出评价。同时对改善道路的各种设施提供参考。

(3) 车流密度指标,可以反映路上交通堵塞状况。当道路上交通严重拥挤,车辆运行处于停滞状态时,交通流量与车辆运行速度等于零,这时用流量与速度两参数已无法描述交通状况,用车流密度则可表示出这样的状况。

(4) 车流密度对道路通行能力的研究十分有用。

模块八　交通流三参数的数学关系

交通流三参数的数学关系即交通量、行车速度和交通密度之间的数学函数关系。它是对交通流宏观运行规律和表现特征的高度抽象概括,是交通流理论的基本组成部分之一。

一、交通流三参数的基本关系式

交通量 Q、速度 V、密度 K 是描述交通流特性的三个基本参数。三个参数是描述交通流基本特征的主要参数,为了研究它们之间的关系,专家学者们将物理学中的流体理论引入交通流的研究之中,将交通流近似看作是交通体组成的一种粒子流体,就像其他流体一样,可以用流体力学和数学的有关理论,建立相关的描述交通流特征的数学模型。但是,应该承认公路上交通流的情况受很多因素,如人、车、路、环境等的影响,而且许多因素是不恒定的。因此,要通过设立某些假设条件将交通流模拟为流体进行研究。

假设交通流为自由流。在长度为 L 的路段上有连续行进的 N 辆车,其速度为 V,如图3-22所示,由前面对这三个参数的定义可得到如下的关系式。

由图3-22可知,长度为 L 路段上的密度为:

$$K = \frac{N}{L}$$

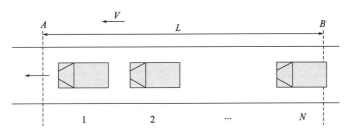

图 3-22 交通流三参数计算图示

N 辆车通过 A 断面所用的时间为：

$$t = \frac{L}{V}$$

N 辆车通过 A 断面的交通量为：

$$Q = \frac{N}{t}$$

由以上各式整理得：

$$Q = \frac{N}{t} = \frac{N}{\frac{L}{V}} = \frac{N}{L}V$$

即：

$$Q = KV \tag{3-35}$$

式中：Q——交通量（veh/h）；

K——密度（veh/km）；

V——速度（区间速度）（km/h）。

式（3-35）就是交通量、密度与速度这三个交通流参数之间的基本关系，用三维坐标系表示即得到如图 3-23 所示的空间曲线。

图 3-23 中的三维曲线图投影到三个二维坐标系中即速度—密度、交通量—密度和速度—交通量之间的关系图，如图 3-24a)、b)、c)所示。图 3-24a)是以格林希尔茨（Greenshields）的单段式速度—密度线性关系模型为依据绘制的，图 3-24b)和图 3-24c)则是以图 3-24a)中的关系模型为基础，根据式（3-35）推导出的。

由图 3-24 可以确定反映交通流特性的五个基本特征变量。

（1）最大流量 Q_m，即 Q-V 曲线上的峰值。

（2）临界速度 V_m，即流量达到最大时的速度。

（3）最佳密度 K_m，即流量达到最大时的密度。

（4）阻塞密度 K_j，即车流密集到所有车辆无法移动（$V=0$）时的密度。

（5）畅行速度 V_f，即车流密度趋于零，车辆可以畅行无阻时的最大速度。

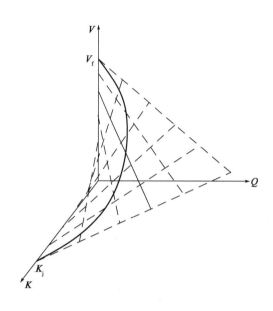

图 3-23 交通流三参数三维关系曲线图

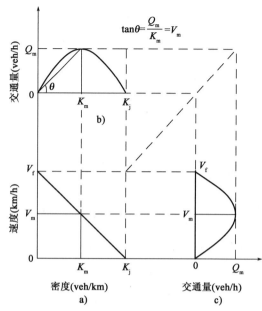

图 3-24 交通流三参数二维关系曲线图

二、行车速度与交通密度的关系

当道路上车辆增多、密度较大时,车速会随之减小;反之,当车辆减少、密度由大变小时,车速会增大。关于两者之间的关系,已经由各国学者提出了几种不同的模型。

1. 直线关系模型

1933年,格林希尔茨(Greenshields)在对大量观测数据进行分析之后,提出了速度—密度的单段式直线性关系模型:

$$V = a - bK \tag{3-36}$$

式中,a、b 是常数。当 $K=0$ 时,V 值可达到理论最高速度,即畅行速度 V_f,代入式(3-36)得 $a = V_f$,当密度达到最大值,即 $K = K_j$ 时,$V = 0$,代入式(3-36)得 $b = V_f / K_j$,将 a、b 代入式(3-36)得到:

$$V = V_f - \frac{V_f}{K_j} K = V_f \left(1 - \frac{K}{K_j}\right) \tag{3-37}$$

将式(3-36)和式(3-37)的特征点结合实际观测数据绘制在图 3-25 中。

由图 3-25 可知,在 A 点是理想的畅行速度 V_f。实际上,AE 线不与纵坐标轴相交,而是渐渐趋近于该轴。因为在路上至少有一辆车以速度 V_f 行驶。这时,V_f 只受道路条件限制。

该图也可以表示流量。如运行点 C,速度为 V_m,密度为 K_m,其流量为 $Q_m = K_m V_m$,即图上矩形的面积。

直线 A、B、C、D、E 各点与流量—密度图和速度—流量图两个图上的点是相对应的,因此可以互相比较。

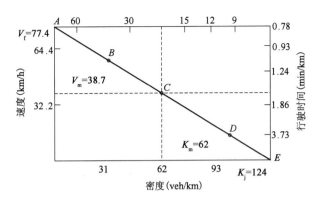

图 3-25　速度与密度的直线关系

Greenshields 提出的速度—密度的单段式线性关系模型,在车流密度适中的情况下是比较符合实际的。但当车流密度很大或很小时就不适宜使用此模型。

2. 对数关系模型

当交通密度大时,速度—密度的关系用格林柏格(Greenberg)提出的对数模型就比较符合实际,其公式如下:

$$V = V_m \ln \left(\frac{K_j}{K} \right) \tag{3-38}$$

式中符号意义同前。

这种模型和交通流拥挤情况的现场数据很符合,但是当交通密度小时,就不能用这种关系式。

3. 指数模型

当交通密度小时,安德伍德(Underwood)提出的指数模型比较符合实际,其公式如下:

$$V = V_f \left(1 - e^{-\frac{K_j}{K_m}} \right) \tag{3-39}$$

式中:e——自然对数的底数,通常取 2.72;
其余符号意义同前。

这种模型和小交通量情况下的现场数据很符合,如图 3-26 所示,其缺点是当 $K \to K_j$ 时,$V \neq 0$。

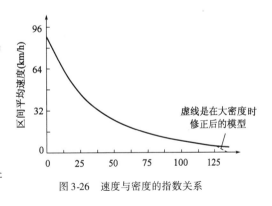

图 3-26　速度与密度的指数关系

三、交通流量与交通密度的关系

1. 数学模型

根据式(3-35)和式(3-37)可以得出:

$$Q = KV = KV_f \left(1 - \frac{K}{K_j} \right) = V_f \left(K - \frac{K^2}{K_j} \right) \tag{3-40}$$

由式(3-40)可知,交通量与密度的关系是二次函数关系,如图 3-27 所示。

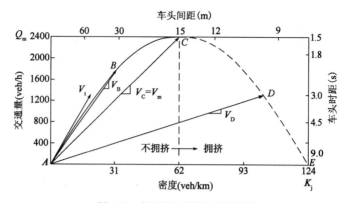

图 3-27 交通量与密度关系曲线图

如果用不同的速度—密度公式,则根据式(3-38)、式(3-39)或式(3-40)可以导出不同的交通量—密度公式以及相应的曲线图。

2. 特征描述

按图 3-27 所示的基本关系,可得到下列的一些主要特征。

(1)当车流密度值为零时,流量为零,密度增大,流量增加,密度到最佳密度 K_m 时,流量取最大值 Q_m。密度再增大,到阻塞密度 K_j 时,流量为零。因为车流密度为零时,表明无车辆行驶,流量为零。而车流密度达到最大的阻塞密度时,车辆暂时停驶,短时间内流量为零,因此曲线经过坐标原点 A、C 和 E 点。对式(3-40)求导,并令其为零,可得到:

$$\begin{cases} K_m = \dfrac{1}{2} K_j \\ V_m = \dfrac{1}{2} V_f \\ Q_m = K_m V_m = \dfrac{1}{4} K_j V_f \end{cases}$$

(2)由坐标原点 A 向曲线上任一点画矢径。这些矢径的斜率表示区段平均车速,以 km/h 计。而其切线的斜率则表示流量微小变化时速度的变化,即 $\bar{v} = \dfrac{Q}{K}$,$\Delta v = \dfrac{\Delta Q}{\Delta K}$,同时,曲线通过 A 点的矢径与曲线相切处的斜率最大,表示车速最高,车流量与车流密度均很小,车辆以畅行速度 V_f 行驶。

(3)对于密度比 K_m 小的点,表示不拥挤情况;而密度比 K_m 大的点即虚线的下方,表示拥挤情况。

【案例 3-8】 假定车辆平均长度为 6.1m,在阻塞密度时,单车道车辆间的平均距离为 1.95m,因此车头间距 $h_s = 8.05$m,试说明流量与密度的关系。

解: 因为

$$h_s = \dfrac{1000}{K}$$

曲线图 3-27 上 E 点的阻塞密度值为:$K_j = 1000/h_s = 1000/8.05 = 124$(veh/km),如假定车头时距 $h_t = 1.5$s,由于:

$$h_t = \frac{3600}{Q}$$

因此,曲线上 C 点的最大通行能力为:

$$Q_m = 3600/1.5 = 2400(\text{veh/h})$$

C 点的密度 K_m 从图 3-27 中查出等于 62veh/km。此时的速度 $V_m = Q_m/K_m = 2400/62 = 38.7(\text{km/h})$。

点 B 是不拥挤情况,由图可知,点 B 的流量为 1800 辆,密度为 30veh/km,速度为 60km/h。

点 D 表示拥挤情况,D 点流量为 1224veh/h,密度为 106.6veh/km,速度为 11.6km/h。

四、速度与交通量的关系

1. 数学模型

从前面论述可知,以速度—密度关系式为基础,不同的速度—密度关系式将产生不同的速度—交通量关系式。若速度—密度模型为直线形,则由式(3-37)可知:

$$K = K_j \left(1 - \frac{V}{V_f}\right)$$

将密度代入式(3-35),得到:

$$Q = K_j \left(V - \frac{V^2}{V_f}\right) \tag{3-41}$$

2. 特征描述

Q 与 V 为二次函数关系,如图 3-28 所示。

从图 3-28 曲线可知,交通量与速度曲线具有如下特征:

(1)当车流密度与车流量均为较小值时,车速可达最大值,即畅行速度 V_f,如图 3-28 中最高点 A;当车流密度增大,车流量也随之增大时,车速逐渐减小,直至达到最佳速度 V_m,这时交通量最大,为 C 点。因此,V_m 与 C 点连线与曲线的上半部分所包括的区域为不拥挤区。

(2)当车流密度继续增大,交通量反而减小,车速也减小,直至达到最大密度 K_j 时形成阻塞,这时车流停驶,车流量与速度均为零。因此,速度—交通量曲线通过坐标原点。同时,V_m 至 C 点连线与曲线的下半部分所包括的区域为拥挤区。

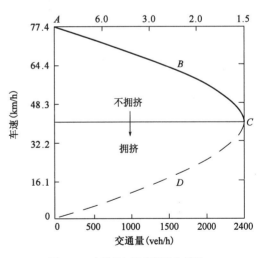

图 3-28 交通量与速度关系曲线图

【案例 3-9】 已知某公路上畅行速度 $V_f = 80\text{km/h}$,阻塞密度 $K_j = 100\text{veh/km}$,速度—密度关系为线性关系。试问:

(1)该路段上期望得到的最大流量是多少?

(2)此时所对应的车速是多少?

解:(1)因为最大流量 $Q_m = \frac{1}{4}K_j V_f$,所以

$$Q_m = \frac{80 \times 100}{4} = 2000(\text{veh/h})$$

(2)当交通量最大时,速度 $V_m = \frac{1}{2}V_f$,所以

$$V_m = \frac{80}{2} = 40(\text{km/h})$$

【案例 3-10】 观测某路上的交通流,发现速度与密度的关系是对数关系:$V = 40\ln\left(\frac{180}{K}\right)$,式中车速单位为 km/h,密度单位为 veh/km。试问该路段阻塞密度是多少?车速为何值时交通流量最大?

解:车流密度大时,速度—密度的关系见式(3-38)。

将 $V = 40\ln\left(\frac{180}{K}\right)$ 与式(3-38)比较,可知该路段阻塞密度 $K_j = 180\text{veh/km}$,速度 $V_m = 40\text{km/h}$ 时通过的交通量最大。

技能训练

任务1:城市道路交叉口交通量调查与处理

一、训练目标

(1)能够理解交通量人工计数法的调查实施方案。
(2)能够正确绘制城市平面交叉路口的平面示意图。
(3)能够对原始交通量调查数据进行正确换算。
(4)能够正确绘制路口交通流量流向示意图。

二、实训方法

1. 教师讲解

结合本单元所讲的知识点,对本次实训的主要内容、实训要求进行必要的讲解。强调室内调查的准备工作,如调查地点的选择、调查设备的准备、调查表的设计、调查记录方法、数据处理方法、路口示意图绘制方法等,以及室外调查的注意事项,特别要强调人身安全。

2. 学生实训

(1)实训分组:本次实训内容涉及观测、记录等环节,建议分组实训,每组 3~4 人。
(2)领取素材:以小组为单位领取实训素材。
(3)项目实训:
①制订调查方案,路段调查表见表 3-16。

路段交通量观测记录表 表 3-16

线路:_____ 观测站:_____ 方　　向:_____
日期:___年___月___日 天　气:_____ 观测人员:_____

观测时间	小型货车	中型货车	大型货车	小型客车	大型客车	载货拖挂车	小型拖拉机	大中型拖拉机	小计
6:00~6:15									
6:15~6:30									
6:30~6:45									
6:45~7:00									
合计									

②绘制调查地点的示意图(标示方位)。
③分工协作,完成交通量调查。

三、任务清单

提交路口交通调查成果表一份,主要包括三部分内容,分别是调查数据表、路口平面示意图和路口交通流量流向示意图。

四、注意事项

提前做好调查准备工作,外业调查人员须注意人身安全。

任务2:基于雷达枪的路段车速调查与处理

一、训练目标

(1)理解雷达测量车速的基本工作原理。
(2)掌握雷达测速的基本操作方法。
(3)掌握地点车速调查样本量选取方法
(4)掌握地点车速调查数据的统计分析方法。

二、实训方法

1. 教师讲解

结合本单元所讲的知识点,对本次实训的主要内容、实训要求进行必要的讲解。强调室内调查的准备工作,如调查样本量的计算、调查地点的选择、调查设备的准备、调查表的设计、调查记录方案等,以及室外调查的注意事项,特别是人身安全、团队协作、认真负责等问题。回顾地点车速统计特征值的计算方法,地点车速统计的频率分布图与累计频率分布图的绘制方法,同时讲述基于图解法及插值法的15%位、50%位及85%位车速的求解方法。

2. 学生实训

（1）实训分组：本次实训内容涉及观测、记录等环节，建议分组实训，每组至少2人，最多不超过3人/组。

（2）领取素材：以小组为单位领取实训素材。

（3）项目实训：

①调查样本量的计算。

②设计地点车速调查表。

③实地开展地点车速调查。

④完成实训项目单的数据处理任务。

三、任务清单

（1）每小组整理并提交一份完整的原始地点车速调查表。

（2）每小组完成基于雷达枪的地点车速统计特征值计算。

（3）采用手工或基于计算机软件绘制地点车速分布的频率图、累计频率图，并且利用图解法和插值法获取15%位、50%位和85%位车速。

四、注意事项

（1）注意地点车速调查地点的选择要适宜，不要靠近公交站点。

（2）在整理地点车速调查表进行统计分布处理时，注意选择适当的组数和组距。

任务3：城市道路路段车头时距调查与处理

一、训练目标

（1）理解车头时距、车头间距与交通密度的关系。

（2）理解车头时距与道路基本路段通行能力的关系。

（3）掌握人工观测法观测路段车头时距的基本方法。

（4）掌握人工法车头时距观测数据的整理与分析方法。

二、实训方法

1. 教师讲解

回顾车头时距、通行能力、交通量等基本概念。对本次实训的目的、主要内容、实训要求进行讲解，一方面要强调车头时距调查的准备工作，包括调查时段的选择、调查地点的选择、调查设备的准备、调查记录表的使用、室外调查注意事项特别是人身安全等内容；另一方面要确保同学们都领会了本次实训任务的工作要求，特别是数据处理要求，比如如何通过车头时距来计算路段通行能力，如何通过车头时距来计算时段的小时交通量，同时解释差值的计算以及柱状图的绘制，目的是比较在观测时段，该观测路段的实际交通量与通行能力的分布情况。

2. 学生实训

(1) 实训分组:本次实训内容涉及观测、记录等环节,建议分组实训,每组至少3人,最多不超过4人/组。

(2) 领取设备:以小组为单位领取实训设备。

(3) 项目实训:

①确定观测路段,手工绘制该区域平面示意图。

②观测每个时段连续通过的车头时距值。

③整理原始记录表,计算各项数据。

④完成本次实训的其他工作任务。

三、任务清单

(1) 每小组整理并提交一份完整的原始车头时距调查表。

(2) 每小组完成一份调查路段区域的平面示意图。

(3) 每小组完成一份调查数据处理表和数据展示图。

四、注意事项

(1) 注意车头时距调查地点的选择要适宜,不要靠近路口和公交站点。

(2) 在整理车头时距记录表时,要注意表中的计算要求,特别是当量计算、小时交通量折减量、通行能力计算、差值计算等要求。

 思考练习

1. 什么是第30位小时交通量?试描述其用途。
2. 分析时间平均车速与空间平均车速各自的含义。
3. 描述交通密度调查的方法并分析可能存在的困难。
4. 解释交通流三参数基本关系式中各变量的含义。
5. 结合实际描述路段交通流量与交通密度的互动关系。

单元四

道路交通规划基础

学习目标

1. 了解交通规划的定义及分类;
2. 理解交通规划的基本工作流程;
3. 理解交通规划 OD 调查的基本方法;
4. 理解交通规划四阶段法的基本原理;
5. 熟悉 TransCAD 软件的基本功能;
6. 理解交通规划输出的成果形式;
7. 了解交通规划成果的评价思路。

能力目标

1. 能够描述交通规划的定义与分类;
2. 能够描述交通规划的基本工作流程;
3. 能够描述交通规划调查的主要内容和方法;
4. 会使用 TransCAD 软件进行简单的交通规划实践。

素质目标

1. 由交通规划联想到学业规划、事业规划、人生规划等重大命题;
2. 在交通规划的工作流程中体会战略思维与宏观视野的辩证统一;
3. 交通规划评价中体现"人与自然和谐发展""绿水青山就是金山银山"理念。

相关知识

道路交通规划通常也被直接称为交通规划,是区域或城市综合运输规划的一个组成部分,其目的在于协调各种运输方式之间的关系,在可能的资金、资源条件下,对道路交通系统的布局、建设、运营等方面从整体上做出最佳安排,以适应政治、经济和社会发展的需要。

完整的交通规划包括交通发展战略、用地布局调整、客货流规划、交通设施规划以及近期交通治理等多个方面的内容。本单元重点介绍城市道路交通规划,其他类型的规划请参见相应的参考书。

模块一　交通规划的定义及分类

一、交通规划的定义

广义的交通规划包括交通运输基础设施规划、交通运输组织管理规划、生产经营规划等。狭义的交通规划主要是指交通运输基础设施建设发展规划,通常是指根据交通供需状况与地区人口、经济和土地利用之间的相互关系的分析研究,通过对地区未来交通运输发展需求的分析和预测,确定未来交通运输设施发展建设的规模、结构、布局等方案,并且对方案进行评价比选,同时提出建设实施方案(包括建设项目时序、投资估算、配套措施等)的过程。

二、交通规划的分类

(1)按交通规划研究的地区范围不同,可分为国家级的交通运输规划、区域性交通运输规划和城市交通规划。

(2)按交通规划考虑的时限,可分为有远景或远期战略规划、中长期规划、近期建设规划三类。远景或远期战略规划一般要展望20~50年甚至更长的发展时期;中长期规划的期限一般为5~20年;近期建设规划一般对3~5年内实施建设的交通运输设施项目、时序、规模、资金乃至初步方案等做出统筹安排,同时明确实施过程中的配套政策。

(3)按交通规划涉及的对象和内容,可分为综合交通规划和专项交通规划两大类。所谓综合交通规划,是指以有限资源在空间和时间上的合理配置来满足政治、经济、社会发展等对交通需求的多元目标设计与安排。专项交通规划又分为区域专项交通规划和城市专项交通规划两大类。区域专项交通规划包括铁路网规划、公路网规划、水运网规划、航空港布局及航空线路规划等。城市专项交通规划包括城市道路网规划、快速轨道线网规划、公交线网规划、停车设施规划、加油站规划、客货运交通枢纽规划等。

模块二　交通规划的内容及流程

一、交通规划的内容

交通规划的内容主要有以下几个方面。

(1)道路交通规划工作总体设计:包括建立工作机构、明确规划目标、确定规划的指导思想与原则、确定规划的范围、层次和年限、交通小区的划分和规划总体流程的设计。

(2) 现状问题和发展趋势的调查分析:包括社会经济、土地利用、就业岗位、交通现状、政策、环境等社会交通状况的调查。

(3) 交通需求发展预测:包括人口增长、车辆发展、就业岗位、土地利用、客货运出行生成预测、出行分布预测、出行方式划分预测和交通分配。

(4) 规划交通方式,制订路网系统、对外交通系统、公交系统、换乘系统、停车系统等交通系统规划方案;通过对交通系统进行定量的适应性分析,并结合资金、政策等其他影响因素进行规划方案设计。

(5) 交通系统规划方案评价:包括技术评价、社会环境评价、经济评价等方面。

(6) 交通系统方案优化与调整。

(7) 交通系统规划方案的实施计划安排。

二、交通规划的工作流程

根据系统工程的原理,交通规划的工作流程一般如图4-1所示。

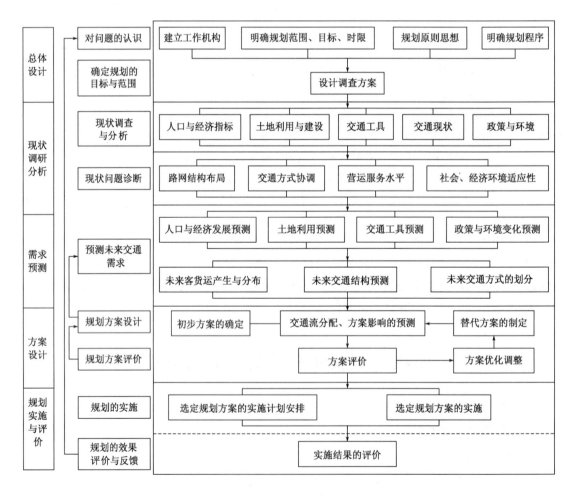

图4-1 交通规划工作流程

模块三 交通规划调查内容及方法

一、交通规划调查的主要内容

1. 社会经济基础资料

(1)人口资料:城市人口总量及各交通区分布,人口年龄结构、性别结构、职业结构、出生率、死亡率、机械增长率等。

(2)国民经济指标:国民收入、各行业产值、人均收入、产业结构等。

(3)运输量:客货历年运输量、各运输方式比重等。

(4)交通工具:各方式、各车种的交通工具拥有量。

2. 城市土地使用资料

(1)土地使用性质:各交通区主要土地使用类别的土地面积,如工业、商业、居住、科技、教育、卫生等。

(2)就业就学岗位数:全部交通规划区域内的就业就学岗位数。

(3)商品销售额:全部交通规划区域内的典型的商品销售额。

3. 道路交通设施资料

(1)道路:包括等级、路面宽度、机动车与非机动车分隔方式、长度、坡度、交通管理等。

(2)交叉口:包括类型、坐标、控制方式等。

(3)停车场:包括位置、形式、停车容量等。

4. 公交营运线路资料

公交调查的目的是了解公交线路上的乘客分布规律、平均乘距、平均乘车时间与公交车平均载客量,为公交线网络规划提供依据。公交线网运营情况可直接从公交公司查得。公交线路客流状况一般通过随车调查获得。调查表见表4-1。

公交线路随车调查记录表 表4-1

____路 车辆类型:____ 调查日期:____ 星期____ 天气预报:____

行驶方向	从____站 到____站		车站发车时间				终点到达时间		
停靠站名称	1	2	3	4	5	6	7	8	…
上客数									
下客数									
站台余留人数									
车内人数									
到站时间									
受阻情况									

5. 出行起讫点资料

出行起讫点(Origin & Destination, OD)资料主要包括居民出行 OD 资料、车辆出行 OD 资料和货流 OD 资料,这些资料通常采用交通规划 OD 调查方法获得。其中,居民出行 OD 资料又分为常、暂住居民出行 OD 资料和流动人口出行 OD 资料,车辆出行 OD 资料主要以机动车出行 OD 资料为主。货流 OD 资料主要包括有关单位某一年(月、周)内的货物运入、运出量,运输起讫点,货物种类及单位基本情况等信息。

在 OD 资料的基础上,可以分析各类出行的分布特性,比如出行目的和出行交通方式选择比例、不同出行交通方式的出行时间分布、居民出行与其性别、年龄、职业、土地利用的关系等等,从而为交通规划方案的制定提供定性与定量信息支持。

二、OD 调查方法及数据处理

OD 调查即起讫点调查,是对某一调查区域内出行个体的出行起点和终点的调查,在交通规划中占有极为重要的地位。OD 调查主要包括居民出行 OD 调查、车辆出行 OD 调查和货流运输 OD 调查三大内容,其最大特点是将人、车、货的出行活动视作交通生成的细胞,据此分析出行交通的流动情况,研究交通的产生与分布,为交通流的分配奠定基础。

1. OD 调查的相关概念

(1) 出行:指人、车、货从出发点到目的地移动的全过程。出行"起点",指一次出行的出发地点;"讫点"指一次出行的目的地。出行作为交通行为的计测单位,必须具备三个基本属性:①每次出行有起讫两个端点;②每次出行有一定的目的;③每次出行采用一种或几种交通方式。

(2) 出行端点:出行起点、讫点的总称。每一次出行必须有且只有两个端点,出行端点的总数为出行次数的两倍。

(3) 境内出行:起讫点均在调查区域内的出行。

(4) 过境出行:起讫点均在调查区域外的出行。

(5) 区内出行:调查区域分成若干交通小区后,起讫点都在同一个小区内的出行。

(6) 区间出行:调查区域分成若干交通小区后,起讫点分别位于不同小区内的出行。

(7) 小区形心:指小区内出行端点(发生或吸引)密度分布的重心位置,即小区内交通出行的中心点,不一定是该小区的几何面积重心。

(8) 期望线:又称愿望线,为连接各小区形心间的直线,它的宽度表示区间出行的次数。因其反映人们期望的最短距离而得名,与实际出行距离无关。

(9) 主流倾向线:又称综合期望线,是将若干条流向相近的期望线合并汇总而成,目的是简化期望线图,突出交通的主要流向。

(10) OD 表:表示起讫小区之间出行交换数量的表格,如图 4-2 所示。

(11) 出行产生(P_i):包括交通分区内下述出行端点:家庭出行中的家庭一端端点,不论是出发点还是到达点;非家庭出行的出发点。

(12) 出行吸引(A_j):相对于出行产生,包括交通分区内下述出行端点:家庭出行中的非家庭一端的端点,不论是出发点还是到达点;非家庭出行中的到达点。整个调查区域的出行吸引数应等于出行产生数。

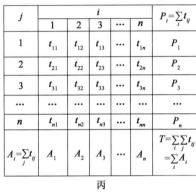
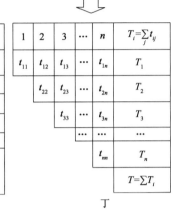

图 4-2 OD 表

(13)出行分布:又称 OD 交通量。调查区域内各交通小区之间的车、人出行次数(图 4-2 中 t_{ij}),当限为车辆出行时,也称交通分布。现状出行分布由 OD 调查得到。

(14)调查区域境界线:包围全部调查区域的一条假想线,有时还分设内线和外线,内线常为城市中心商业区(CBD)的包围线,如图 4-3 所示。

(15)分隔查核线:为校核 OD 调查成果精度而在调查区域内按天然、人工障碍设定的调查线,可设一条或多条。它们将调查区域划成几个部分,用以实测穿越该线的各道路断面的交通量,如图 4-3 所示。

图 4-3 外围界线和分隔查核线图

2. OD 调查的主要内容

OD 调查的主要内容包括居民出行 OD 调查、车辆出行 OD 调查、货流运输 OD 调查三类。

(1)居民出行 OD 调查:主要指城市的居民出行,调查对象涉及常住城市居民和城市流动人口的出行 OD 调查,调查内容重点包括居民出行的起讫点分布、出行目的、出行方式、出行时间、出行距离、出行次数等。

(2)车辆出行 OD 调查:主要包括机动车和非机动车出行,调查内容涉及车型、出行目的、出行起讫点、车载货物种类、平均吨(座)位和实载率等。

(3)货流运输 OD 调查:重点调查货源点和吸引点的分布、货流分类数量和比重、货运方式分配等内容。

3. OD 调查的主要方法

OD 调查的方法有很多,根据调查内容、要求的不同可以采用多种方法,常用方法主要有以下几种。

(1)路边询问法:一般在主要道路或城市出入口上设置调查站,让车辆停下来,询问该车的起讫点和其他出行的资料。调查过程中应该注意不要造成因车辆过多而引发延误甚至阻塞,因此一般需要交警的协调。这种方法是目前国内公路网规划和城市交通规划最常用的 OD 调查方法。表 4-2 为机动车路边询问法调查示例。

机动车出行调查表(示例) 表 4-2

调查时间:_____年___月___日　调查员:_____　验收员:_____　编码员:_____

车型		车辆所属单位及地址				车辆所属单位性质			
车牌号		货车核定吨位				客车座位数			
出行次序	出行目的	出发地点(详细地址)	出发时间	到达地点(详细地址)	到达时间	货车		客车	出发时所经过的主要道路名称和交叉口名称
						货物名称	载货质量(t)	载客人数(人)	
1									
2									
3									
…									
n									

(2)表格调查法:将调查表发给单位、停车场的机动车驾驶员或利用收费站发放、回收调查表格,由调查对象逐项填写并返回,可用于机动车或货流调查。

(3)家庭访问法:多用于居民出行 OD 调查,在调查区域,对抽样选取的对象进行家访,由调查员当面了解包括学龄前儿童在内的全体家庭成员出行情况。表 4-3 给出了居民出行调查家庭访问调查时的主要内容。这种方法调查内容比较可靠,表格回收率高。在工作中辅以大量的宣传,实行调查办、街道居委会、调查员三级管理质量保证,可以获得较好的调查效果。

(4)车辆牌照法:以车辆号牌通过不同道路断面时的记录资料来分析车辆或货流出行的 OD 分布的观测方法。随着智能交通技术的发展,传统的人工观测车辆牌照法已经被各类车牌自动识别系统所取代,比如道路治安卡口系统、公路电子不停车收费(ETC)系统等,都可以实现过往车辆牌照的自动检测和号牌自动识别,在此基础上经过相应的判别分析就可以实现车辆出行 OD 调查和货物运输 OD 调查。

居民出行调查表(示例) 表 4-3

调查时间：_____年_____月_____日 调查员：_____ 验收员：_____ 编码员：_____

出行次序	出行目的	出发地点（详细地址）	出发时间	到达地点（详细地址）	到达时间	出行方式					起点用地设施代号	终点用地设施代号
						全程步行	使用交通工具					
							第1次	第2次	第3次	第4次		
1												
2												
3												
…												
n												

注：1. 出行目的：0-上班；1-上学；2-购物；3-业余学习及文化娱乐；4-公务；5-个体经商；6-回单位；7-回家；8-探亲访友；9-看病；10-其他。

2. 出行方式：0-公交；1-自行车；2-步行；3-出租车；4-自驾车；5-单位车；6-地铁或轻轨；7-轮渡；8-摩托车。

3. 用地设施：0-住宅；1-重工业；2-轻工业；3-大专院校；4-中小学校；5-行政管理机构；6-商业和服务业；7-文娱体育场所；8-交通场所(火车站、汽车站、公交车站等)；9-医疗卫生；10-施工场地；11-文化场所(图书馆、展览馆等)；12-农业用地；13-其他。

4. OD 调查方案设计与实施

对于一个已经确立的起讫点调查项目，应对调查的区域(范围)选择、调查小区(或站点)的布局划分、抽样大小拟定、调查表格进行周密仔细的考虑。这四个方面就构成了调查方案设计的内容。

(1) OD 调查的区域(范围)选择

为保障 OD 调查的科学性，在确定调查区域以及选择区域境界线时，主要考虑以下因素：

①规划区域社会经济活动地域分布情况，调查范围应足够大。

②调查区域的出入境交通情况，尽量配合天然地形界限，避免不规则的形状。

③适合路边调查站点的设立。

④充分利用现有行政区划的统计数据。

(2) OD 调查小区的划分原则

①区内的土地使用、经济、社会等特性应尽量一致。

②以铁路、河流等天然屏障作为分区的界限，不但资料准确，且易于核对。

③尽量配合行政区的划分，以利用政府的统计资料，如人口、经济统计资料等。

④分区的过程中要考虑道路网。

⑤保持分区的完整，避免同一用途的土地被分开。

分区越小，计算数据越多，成果就越细，但工作量也越大。反之，工作量小，但有可能掩盖该范围内的交通特点。通常交通量分散的郊区分区划分可以大些，而交通量集中的市区分区划分可以小些。

（3）OD调查抽样方法和抽样率

居民出行调查可视作不重复抽样调查。其基本抽样方法有简单随机抽样、分层抽样、等距抽样、整群抽样等几种。根据数理统计的误差分析可知，采用分层比例抽样，抽样误差为最小。一个城市的出行抽样调查，可以按市中心区（CBD）、建成区、规划近郊区和远郊区几个层次作为分层依据，然后按规定的抽样率在各小区采用以户为单位的等距抽样。

当调查区域、城市居民总体数（户数或人数）确定之后，抽样率大小就是最重要问题了。抽样率太高，容易造成人力、物力浪费，外业调查时间延长；抽样率太低，又易产生过大的抽样误差。我国几个城市抽样率如表4-4所示。

若干城市家访OD调查情况表　　表4-4

项目	天津	广州	沈阳	上海		南京	福州
				第一次	第二次		
调查日期	1981-7-29—1981-7-31	1984-6-29	1985-4-7—1985-6-10	1981-8—1982-12	1986-12-23—1986-12-30	1986-11-23—1986-11-30	1990-4-2—1990-4-8
调查范围	156km²（市内6区）人口302万人	142km²（市区）人口224万人	163km²（市内5区）人口227万人	141km²（市内10区）人口608万人	6180km²人口1000万人	150km²人口160万人	140km²人口104万人
抽样率（%）	3	3	4	3.3	市区3.0，郊区4.0	4.1	3.85
调查人数	2.63万户	1.86万户	11.3万人	20.7万人	24.6万人	1.93万人	4.016万人
访问方法	家访	家访	家访	家访	家访	家访	家访
小区数	87	158（4片区56中区）	78	45分区90里委	503（30大区、172中区）	94（34中区）	35（另8区人口）
回收	91.2%	99.7%	98.2%	实收20.7万		实收50.73万	100%

国内外一般推荐的抽样率如表4-5所示。

家访出行抽样率推荐值　　表4-5

调查区人口（万人）	最小抽样率（%）	推荐抽样率（%）	
		美国	一般
<5	10	20	20
5~15	5	12.5	12.5
15~30	3	10	10
30~50	2	6.6	6.6
50~100	1	4	5
>100	1	4	4

从出行调查样本反映的总体情况看，可以用两项指标来控制抽样误差：一是要使出行调查获取的信息总量与实际的总量尽可能接近，这可用人均出行次数来控制；二是要使OD调查矩阵表上现状的出行分布 t_{ij}（小区之间出行交换量）与实际的分布尽可能吻合。

根据抽样理论,一般总是拟定一个容许的相对误差,在选定抽样方法(使调查误差控制较小)原则下,计算出一个最小的抽样率(或样本容量)。由数理统计参数估计原理,可以获得分层抽样的基本公式为:

$$n = \frac{t^2 DN}{\Delta^2 N + t^2 D} \tag{4-1}$$

式中:n——抽样样本容量;

N——总体容量;

D——对于某个控制特征值(如人均出行次数)的总体方差;

Δ——对于某个控制特征值估计的容许误差(绝对误差);

t——对于一定置信度的百分位限值(当置信度为90%时,$t=1.65$,当置信度为95%时,$t=1.96$)。

D 是总体方差,可以用样本方差 σ^2 来代替估计,参照已有的调查资料或进行试调查拟定;Δ 值与置信度要求有关。国内外都认为用相对误差 $E = \dfrac{\Delta}{\overline{X}} < 10\% \sim 20\%$ 来控制较为合适。

这里 $\overline{X}$ 为样本均值,如人均出行次数,我国一般为 2.0～7.0 次/(人·日),则抽样率为:

$$\gamma = \frac{n}{N} \tag{4-2}$$

当用出行分布量 t_{ij} 作为控制特征来检验抽验率 γ 的合理性时,可采用二项分布原理的成数抽样误差公式计算。

令 p 为从 i 区与 j 区出行交换的比重真值,则:

$$p = p_1 \pm t \sqrt{\frac{p_1 p_2}{Q}\left(1 - \frac{Q}{T}\right)} \tag{4-3}$$

式中:p_1——i 区与 j 区之间抽样出行量 t_{ij} 占总的抽样出行量比重;

p_2——不在 i 区与 j 区之间抽样出行量占总的抽样出行量的总比重;

Q——总的抽样出行量(人次);

T——全部出行量总体(人次)。

由式(4-3)计算出 p 在控制条件下的相对误差 E_1,以判别抽样率 γ 是否合理。这里 E_1 也取 10%～20%。

(4)OD调查表格设计

OD调查表格是OD调查方案设计和调查目标的真实反映,不同出行分析需求的OD调查会有所差异,但总体设计思路基本一致。下面以家访OD调查为例,根据国内外开展家访调查的情况,一般家访OD调查表应具有以下三方面的内容:

①人与家庭属性:人口、地址、出行人数、年龄、职业。

②社会经济属性:家庭人均收入、个人收入、居住条件、拥有交通工具的类型与数量。

③出行属性:调查日出行次数,每次出行的起讫点、用地设施、出行目的、交通方式、中转、时间、路线、停车等。

每张表是组成交通的细胞单元,应避免无用信息过多和有用信息不足。比较国内外许多城市开展 OD 调查用表,出行调查表格设计还有以下几点值得注意:

①出行起讫点用地设施是城市交通生成的基本要素,每次出行的目的均与它有密切联系。此项内容以往重视不够,而国外(如日本)是十分重视的。

②由于我国城市交通结构具有自己的特点。表格设计应注意联系各城市的实际拟定调查项目,在自行车出行、公交转换和个体机动车使用等,表格中还应包括人们针对时间、精力、费用方面选择交通方式的调查,所有设计要为以后建立模型提供研究信息做好储备。

③与出行家访调查同步进行的还应包括流动人口(旅馆外来人员、住家的临时户口、各建筑工程承包队人员以及外来打工者等)的出行调查和调查日的境界线调查。

④所有询问的问题应该概念清楚、准确,项目编码顺序也都一一对应,为数据处理的高效、准确与减少系统误差做好准备。

(5)OD 调查的实施

①需要成立专门机构统一负责。OD 调查是一项涉及面十分广的社会性调查,没有强有力的工作队伍和政府的宣传号召与支持是很难完成的。

②资料准备。包括调查区域内的居民点、人口分布造册、土地利用现状、各级行政组织(行政区、街道、派出所、社区和居委会)、道路、车辆资料。

③编制调查设计方案(拟定调查区域、交通划区、抽样、表格设计)和组织实施大纲。

④试调查与技术培训准备。修改技术方案,包括表格内容检验抽样方法。对调查员分级培训,统一认识与标准,提高调查精度。

⑤编写培训讲义和市民宣传提纲。

⑥全面实施调查。居民出行调查应尽可能将家访、流动人口访问和境界线调查、分隔查核线调查同步进行。

5. OD 调查结果整理与检验

通过对起讫点调查主要资料的汇总整理,对居民出行分布特性进行统计分析,比如出行目的和出行交通方式选择比例、不同出行交通方式的出行时间分布、居民出行与其性别、年龄、职业、土地利用的关系等等。由于 OD 调查数据量较大,通常需要用计算机进行分析和处理,分析的主要结果包括:划区域各种车辆 OD 表,划区域车辆汇总 OD 表,规划区域客货 OD 表,各种车型的比例,货车平均吨位,客车平均座位,客货车的实载率,货车的载货品种的构成,道路断面交通量,OD 表。下面重点对以下几项调查数据分析处理工作进行介绍。

(1)OD 表的处理

OD 表分为矩形表和三角形表两种(图 4-2),能够明确地反映出调查区域内的客货流的流量、流向、经过路线以及起点和终点,还能够反映出车流是否为区间流动、区内流动或是过境流动。图 4-2 所示的矩形 OD 表(甲、丙)既反映流量,又反映流向,例如由 $B \rightarrow A$ 为 34,由 $A \rightarrow B$ 为 30;而三角形 OD 表(乙、丁)只反映流量,即 AB 两区的区间出行共为 64。另外,两表对区内出行的表述(见表中对角线位置),乙表是甲表的 2 倍,这是因为乙表假定区内出行往返相等的缘故,而在甲表中无法反映,于是乙表 OD 总量比甲表多(358 − 282) = 76 = (10 + 40 + 26)。

同理,丙表与丁表一般表达相类似,丁表的 t_{ij} 是对应丙表中 t_{ij} 的 2 倍,而总差额是丙表中对角线位置数值之和。

（2）期望线图和等值线图

在实际路网中，由于调查区域之间通常有几条线路相通，用 OD 表很难掌握各个区之间的交通流，所以按照人们选择最短和最畅通路线的意愿，在交通规划地图上用线条宽度和交通量成一定比例的粗直线将各个区的形心连接起来，绘成 OD 调查表所要求的期望线图，如图 4-4 所示。这种图对分析客流流向和城市干道、公共交通网布局的适应性十分有用。

如果将期望线图上所表示小区之间的直线改绘成与道路走向相同而粗细不同的折线，折线粗细表示汇集该路段上交通量大小，即形成了交通量的等值线图。

（3）交通产生与吸引统计图

将小区的出行起点或终点的出行量绘制柱状图、折线图或者扇形统计图，可以清楚地表示各小区的出行产生与吸引量。图 4-5 为根据某出行调查结果绘制的出行产生与吸引量柱状图。

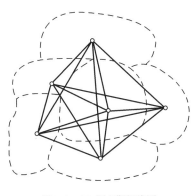

图 4-4　OD 调查期望线图

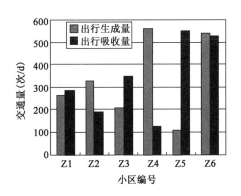

图 4-5　出行生成与吸引量统计图

（4）OD 调查精度检验

调查结果的精度检验也是非常重要的步骤之一。保证 OD 调查结果的准确性和实用性，可以用以下几种方法进行误差检验。主要包括：

①分隔查核线检验：首先确定分隔查核线。在进行 OD 调查的同时，统计跨越查核线的所有道路断面交通流量。将此实测交通量同起讫点调查中所得到的通过该线的 OD 交通量（按抽样率扩算后）进行比较，如果相对误差在 5% 以内，符合要求；如果在 5%~15% 之间，需要进行必要调整；如果误差大于 15%，则表明调查结果不正确，调查工作存在较大的问题，需要重新调查。

②区域境界线检验：区域境界线检验的原理和分隔查核线的检验相同，将通过区域境界线的 OD 分布量（按抽样率拓展后）和实测交通量进行比较，如果相对误差在 5% 以内，符合要求；如果在 5%~15% 之间，则需要进行必要调整；如果误差大于 15%，则表明调查结果不正确，调查工作存在较大的问题，需要重新调查。

③交通特征检验：把由 OD 调查表推算出来的交通特征，如车型比例、交通流量和流向等与现有的统计资料进行比较，检查其误差程度是否满足要求。

④特殊点检验：在调查区域内，拟定一个众所周知的交通枢纽、公共活动中心作为校核点，

将起讫点调查结果(按抽样率拓展后)与该点上实测的交通量相比,作为市内 OD 调查精度的重要依据。

模块四 交通规划需求分析与预测

在交通规划方案制定过程中,需要进行科学的交通需求分析与预测,目的是要确定未来规划年的各种出行(步行、客车、摩托车、公交车、出租汽车、货车、自行车等)在道路网络上的分布,以便对交通规划方案实施效果进行分析评价,以提供一个科学合理的建设与管理方案,避免决策失误。

目前,国内外广泛使用的交通需求预测方法仍然是最早发源于美国的四阶段法。所谓四阶段法,就是基于四个阶段(或步骤)的交通需求预测模型框架。这四个阶段分别是出行生成(Trip Generation)、交通分布(Trip Distribution)、交通方式划分(Modal Split)和交通分配(Trip Assignment)。四个阶段环环相扣、缺一不可,具有内在的紧密逻辑关系。图 4-6 以城市居民出行为例简单说明了四阶段法的步骤。

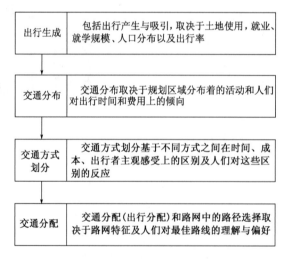

图 4-6 城市居民出行需求的四阶段预测

四阶段法将每个出行的交通活动按交通小区进行统计、分析,从而得到按交通小区为分析单位的预测结果,是一种集计模型(Aggregate Model)。与此不同,研究人员还提出了非集计模型(Disaggregate Model),以实际交通活动的个体为单位,对调查得到的数据不进行按交通小区统计等处理而直接用于建立的模型。

一、出行生成预测

出行生成预测分出行产生(Trip Production)预测和出行吸引(Trip Attraction)预测两部分。其目的是通过建立交通小区出行产生量和吸引量与交通小区土地利用、社会经济特征等变量之间的定量关系,从而推算规划年各交通小区的居民出行产生量与出行吸引量。

1. 社会经济发展预测

一般包括城市社会经济发展总量预测和社会经济指标在交通小区的分布预测。其中,社会经济发展总量预测主要有以下指标:

(1)城市人口:人口数是城市社会经济预测中最基础的指标,它能直接反映土地的开发强度和利用强度。人口数量是影响交通出行数量的基本因素。城市人口包括城市常住人口和城市流动人口。

(2)就业岗位数与商业开发:工厂、机关、商业中心是重要的交通吸引源,吸引人们去工作或购物。同时也作为产生源,人们完成工作或购物后回家。这些设施提供了工作、公务、购物、娱乐等居民日常活动的场所,所以对交通需求预测的分析非常重要。

(3)在校学生数与在校岗位总数:在校学生及其他人员的离校、到校出行也是城市居民出行的重要组成部分。因此,在校学生数和在校岗位总数也需要考虑。城市在校岗位分布一般根据各交通区的教学科研用地面积及密度按比例确定。

(4)车辆拥有量:不同种类车辆拥有量水平是一定社会经济水平和交通政策综合作用而决定的,它对交通结构的预测具有重要意义。

(5)城市规模和布局指标:有城市各类用地大小、分布及使用情况等。这类指标主要根据地方政府进行的总体规划而确定。城市规模和布局对整个城市客运交通的产生、吸引、分布有着重大的影响。

(6)其他:如国民经济的发展速度、城市居民的收入及消费水平等,都是在进行社会经济发展预测时需了解和分析的因素。

2. 出行产生与吸引预测

(1)增长率法

增长率法就是把现状已有的交通小区的产生、吸引量 T_i 乘以增长率 F_i,得到各小区未来年的产生量、吸引量 T_i',可表示如下:

$$T_i' = F_i \times T_i \tag{4-4}$$

这种方法的关键是如何确定增长率 F_i。一般分析认为,各交通小区的交通量增长率等于各交通小区与交通需求相关指标的增长率。例如,假设交通增长率 F_i 与人口增长率 r_i 和人均车辆拥有增长率 v_i 具有如下关系:

$$F_i = r_i \times v_i \tag{4-5}$$

增长率法简洁方便,但是增长率的确定过于粗略,一般情况下精度较低。它在规划中经常用于处理原单位法和函数法无法预测的一些区域。例如,在规划中希望了解规划对象外部区域的交通情况,由于缺乏与规划区域相同的基础资料,用原单位法或函数法都很难进行预测,而该区域的分析精度要求也较规划区域低。此时,可用增长率法进行预测。

(2)回归分析法

回归分析法是居民出行产生、吸引预测中最常用的方法。它是在分析小区产生、吸引量与其影响因素,如小区人口、就业岗位数等指标的相关关系的基础上,得出回归预测模型。最常用的是多元线性回归模型,有时也采用指数函数、对数函数及幂函数等函数形式进行回归分析。多元线性回归模型如下:

$$T_i = a_0 + \sum_k a_k x_k \qquad (4\text{-}6)$$

式中：T_i——第 i 种类型的产生（或吸引）交通量；

a_0——回归系数常数项；

a_k——第 k 种影响因素的回归系数；

x_k——第 k 种影响因素。

回归分析模型的系数可以采用最小二乘法求解，具体方法请参见相关数学教材。

例如，上海规划设计院根据货流 OD 调查，建立了下列货车流的出行产生模型：

市内商业中心或仓库、内港混杂区货车流的出行产生模型：

$$T = 2150 - 3.22\, x_1 + 46.31\, x_2 + 8.84\, x_3 \qquad (4\text{-}7)$$

市内住宅区货车流的出行产生模型：

$$T = 257 + 0.85\, x_1 + 46.18\, x_2 + 5.81\, x_3 \qquad (4\text{-}8)$$

式中：T——出发与到达的车次总数（辆/d）；

x_1——建筑面积（hm^2）；

x_2——职工数（千人）；

x_3——人口数（千人）。

运用这种方法需满足下述假定：①自变量是独立的；②自变量是连续的；③自变量的变化呈正态分布；④自变量与因变量是线性关系。

由于交通预测是一项实践性很强的工作，不是单纯的数学分析，因此，需对求解出来的模型进行物理意义分析，并对说明变量的系数，尤其是符号进行分析，合理选择变量，直至得到合理的解释，才能认为模型能够正确描述变量之间的相互关系。

二、交通分布预测

交通分布预测是将各交通小区规划年的出行生成量（产生量、吸引量）转化为各小区之间的出行交换量的过程，即要得出由出行生成模型所预测的各出行端交通量与区间出行交换量的关系。交通分布预测方法主要包括增长率法和重力模型法。

1. 增长率法

增长率法是利用现状 OD 表，考虑各小区产生量、吸引量的增长率来直接推算未来的 OD 表。增长率法有平均增长率法、Detroit 法、Fratar 法等几种，其中应用最广泛的是 Fratar 法。增长率法的原理可以表示为：现状分布 × 增长系数 = 未来分布。三种方法的不同之处在于如何确定增长系数。它们的计算过程可以概述如下：

假设交通小区 i 与交通小区 j 之间的现状交通量为 $t_{ij}^{(0)}$，i 小区现状的产生交通量为 $G_i^{(0)}$，未来的产生交通量为 G_i；小区 j 现状的吸引交通量为 $A_j^{(0)}$，未来的吸引交通量为 A_j。

①可用式（4-9）计算未来交通量的第一次近似值。

$$t_{ij}^{(1)} = t_{ij}^{(0)} \cdot f^{(0)} \qquad (4\text{-}9)$$

式中：$f^{(0)}$——增长系数函数，不同的方法具有不同取值，如式（4-12）～式（4-14）。

②得到第一次预测各小区的产生交通量和吸引交通量。

$$G_i^{(1)} = \sum_j t_{ij}^{(1)}, \quad A_j^{(1)} = \sum_i t_{ij}^{(1)} \tag{4-10}$$

③考查调整系数 α 与 β 是否收敛到 1 左右,例如在 $[0.99,1.01]$ 区间。

$$\alpha_i^{(0)} = \frac{G_i}{G_i^{(0)}}, \quad \beta_j^{(0)} = \frac{A_j}{A_j^{(0)}} \tag{4-11}$$

④如果 α 与 β 都收敛到 1 左右,则停止计算,相应的 $t_{ij}^{(k)}$ 即为所求的分布;否则,利用 $G_i^{(k)}$、$A_j^{(k)}$ 代替式(4-9)中增长系数函数 $f^{(0)}$ 中的 $G_i^{(0)}$ 和 $A_j^{(0)}$ 进行迭代计算。

平均增长率法、Detroit 法、Fratar 法对于增长系数函数 f 的定义如下:

(1)平均增长率法

$$f^{(0)} = \frac{1}{2}\left(\frac{G_i}{G_i^{(0)}} + \frac{A_j}{A_j^{(0)}}\right) \tag{4-12}$$

即增长率是产生量与吸引量增长率的平均值。

(2)Detroit 法

$$f^{(0)} = \frac{G_i}{G_i^{(0)}} \left(\frac{\dfrac{A_j}{A_j^{(0)}}}{\dfrac{\sum_j A_j}{\sum_j A_j^{(0)}}} \right) \tag{4-13}$$

该方法认为,i 到 j 小区的未来交通量与小区 i 的产生量增长率以及小区 j 的交通吸引量占整个区域的相对比例变化有关。

(3)Fratar 法

$$f^{(0)} = \frac{1}{2} \times \frac{G_i}{G_i^{(0)}} \times \frac{A_j}{A_j^{(0)}} (L_i + L_j) \tag{4-14}$$

式中:L_i、L_j——小区位置系数,分别按起点和讫点计算如下:

$$L_i = G_i^{(0)} \Big/ \sum_j \left(t_{ij}^{(0)} \frac{A_j}{A_j^{(0)}}\right), \quad L_j = A_j^{(0)} \Big/ \sum_j \left(t_{ij}^{(0)} \frac{G_i}{G_i^{(0)}}\right) \tag{4-15}$$

Fratar 法认为,两个交通区之间的未来出行量,不仅与这两个小区自身的增长系数有关,而且还与整个调查区内其他地区的增长系数有关。因为 Fratar 法收敛速度快,所以目前运用最为广泛。

增长率法易于理解,运算简便,但需要事先给定比较完备的现状年的 OD 矩阵。该法是基于两点基本假设:在预测年内城市交通运输系统没有明显变化以及区间的出行与路网的改变相对独立。因此,该方法无法考虑未来交通对土地利用的影响,应用范围一般针对区域增长较为均匀的城市,或趋于平衡发展阶段的大城市中心区的出行分布预测。

【案例 4-1】 某区域有三个交通区,现状 OD 矩阵及通过出行生成预测所获得的各交通区未来产生总量及吸引总量见表 4-6,试用平均增长系数模型确定该区域的未来 OD 分布。

现状OD矩阵及未来产生、吸引量($t_{ij}^{(0)}$)表 表4-6

起点 i	讫点 j			$G_i^{(0)} = \sum_j t_{ij}^{(0)}$	未来产生量 G_i
	1	2	3		
1	4	2	2	8	20
2	3	5	4	12	20
3	2	3	3	8	25
$A_j^{(0)} = \sum_i t_{ij}^{(0)}$	9	10	9	28	
未来吸引量 A_j	25	18	22		65

解:如表4-6所示,现状调查的OD矩阵为对称矩阵及未来产生量与吸引量,采用平均增长系数模型预测其未来年交通分布OD矩阵如下。

第一步:计算未来交通量的第一次近似值。

将公式(4-12)代入公式(4-9),得到:

$$t_{ij}^{(1)} = t_{ij}^{(0)} \times \frac{1}{2} \times \left(\frac{G_i}{G_i^{(0)}} + \frac{A_j}{A_j^{(0)}} \right)$$

以第1行第3列为例,其值为:

$$t_{13}^{(1)} = t_{13}^{(0)} \times \frac{1}{2} \times \left(\frac{G_1}{G_1^{(0)}} + \frac{A_3}{A_3^{(0)}} \right) = 2 \times \frac{1}{2} \times \left(\frac{20}{8} + \frac{22}{9} \right) = 4.9444$$

依此类推,求出全部的$t_{ij}^{(1)}$,得到第一次计算后的OD表,见表4-7。

平均增长率法第一次迭代结果($t_{ij}^{(1)}$)表 表4-7

起点 i	讫点 j			$G_i^{(1)} = \sum_j t_{ij}^{(1)}$	$\alpha_i^{(1)}$	未来产生量 G_i
	1	2	3			
1	10.5556	4.3000	4.9444	19.8000	1.0101	20
2	6.6667	8.6667	8.2222	23.5556	0.8491	20
3	5.9028	7.3875	8.3542	21.6444	1.1550	25
$A_j^{(1)} = \sum_i t_{ij}^{(1)}$	23.1250	20.3542	21.5208	65.0		
$\beta_j^{(1)}$	1.0811	0.8843	1.0223			
未来吸引量 A_j	25	18	22			65

第二步:计算调整系数$\alpha_i^{(1)}$与$\beta_j^{(1)}$。

利用式(4-11)$\alpha_i^{(1)} = \frac{G_i}{G_i^{(1)}}, \beta_j^{(1)} = \frac{A_j}{A_j^{(1)}}$,以$i=2$为例,计算$\alpha_2^{(1)}$如下:

$$\alpha_2^{(1)} = \frac{G_2}{G_2^{(1)}} = \frac{20}{23.5556} = 0.8491$$

依此类推,求出全部的 $\alpha_i^{(1)}$、$\beta_j^{(1)}$,填入表4-7中。由于第一次计算后调整系数 α 与 β 没有收敛到[0.99,1.01]区间,所以还需要进一步调整,使用Excel进行计算,迭代到第五步的 $\alpha_i^{(5)}$、$\beta_j^{(5)}$ 才满足误差要求,调整结束。限于篇幅,在此省略中间计算过程,只将最终结果列出,见表4-8。

平均增长率法第一次迭代结果 $[t_{ij}^{(5)}]$ 表4-8

起点 i	讫点 j			$G_i^{(5)} = \sum_j t_{ij}^{(5)}$	$\alpha_i^{(5)}$	未来产生量 G_i
	1	2	3			
1	11.29562	3.8204692	4.9939062	20.109993	0.9945304	20
2	6.24438	6.6669259	7.2463602	20.157666	0.9921784	20
3	7.299024	7.6564861	9.7768318	24.732342	1.0108222	25
$A_j^{(5)} = \sum_i t_{ij}^{(5)}$	24.83902	18.143881	22.017098	65		
$\beta_j^{(5)}$	1.006481	0.99207	0.9992234			
未来吸引量 A_j	25	18	22			65

2. 重力模型

重力模型借鉴了牛顿万有引力定律来描述城市居民的出行行为,它考虑了两小区之间的吸引强度和吸引阻抗因素。它的基本假设为:交通小区 i 到交通小区 j 的出行分布量与小区 i 的出行产生量、小区 j 的出行吸引量成正比,与小区 i 和小区 j 之间的出行距离(或广义的出行费用)成反比。

重力模型具有多种形式,常用的重力模型有无约束重力模型、行程时间模型、美国公路局模型以及双约束重力模型等几种。

(1)无约束重力模型

无约束重力模型的形式如下:

$$t_{ij} = k \frac{G_i^{\alpha} A_j^{\beta}}{R_{ij}^{\gamma}} \tag{4-16}$$

式中: G_i——交通小区 i 的产生交通量;

A_j——交通小区 j 的吸引交通量;

R_{ij}——小区 i 与小区 j 之间的广义出行费用。

式中,α、β、γ 和 k 是模型参数,在已知现状交通分布(或部分交通分布)的情况下,可以用最小二乘法进行估计。对式(4-16)两边取对数,得到:

$$\ln t_{ij} = \ln k + \alpha \ln G_i + \beta \ln A_j - \gamma \ln R_{ij} \tag{4-17}$$

上式是一个线性函数,可以采用多元线性回归分析对各参数进行标定。根据经验,系数 α、β 的取值一般在 0.5~1.0 之间。

R_{ij}^{γ} 是 i 小区与 j 小区之间的广义出行费用,也叫分布阻抗,而 γ 是分布阻抗系数。一般情况下,广义出行费用考虑的因素包括:两小区之间的行程时间、两小区之间的距离、两小区之间出行时所需的费用,包括票价、收费道路的通行费、燃料费用等。通常的处理方法是找出三者之间的转换关系,然后统一到某个计算标准进行计算。

假设计算得到的系数在未来年保持不变,在给定产生交通量、吸引交通量以及小区间的广义出行费用时,可以通过重力模型求解该地域任何预测时间的OD分布交通量。但是,无约束重力模型本身不满足约束条件 $\sum_{j=1}^{n} t_{ij} = G_i$ 和 $\sum_{i=1}^{n} t_{ij} = A_j$,需要利用增长率法进行迭代运算使得 t_{ij} 能够满足约束条件。

(2)行程时间模型

行程时间模型又叫乌尔希斯模型,它是由 A. M. Voorhees 提出的修正重力模型。该模型如下:

$$t_{ij} = G_i \frac{A_j f(R_{ij})}{\sum_{j=1}^{n} A_j f(R_{ij})} \qquad (4\text{-}18)$$

式中:$f(R_{ij})$——分布阻抗函数;

其余符号意义同公式(4-16)。

分布阻抗函数有 $f(R_{ij}) = R_{ij}^{-\gamma}$,$f(R_{ij}) = \exp(-bR_{ij})$,$f(R_{ij}) = a \times \exp(-bR_{ij}) \times R_{ij}^{-\gamma}$ 三种形式,最为常用的是 $f(R_{ij}) = R_{ij}^{-\gamma}$。$\gamma$ 作为待定参数,一般根据现状 OD 调查资料,用试算法确定。

行程时间模型能满足 $\sum_{j=1}^{n} t_{ij} = G_i$,但不满足 $\sum_{i=1}^{n} t_{ij} = A_j$ 时,还需要根据吸引交通量进行迭代计算,对结果进行修正。

(3)美国公路局模型

美国公路局模型(BPR)的形式为:

$$t_{ij} = G_i \frac{A_j f(R_{ij}) K_{ij}}{\sum_{j=1}^{n} A_j f(R_{ij}) K_{ij}} \qquad (4\text{-}19)$$

式中:K_{ij}——调整系数;

其余符号意义同式(4-18)。

美国公路局模型在行程时间模型基础上引入了调整系数 K_{ij},用于描述 i、j 小区间的交通联系状况,又称地域间的结合度。其确定方法是:先令 $K_{ij}=1$,此时式(4-19)与式(4-18)等同,根据已有的 OD 资料,用试算法确定 γ,并计算 t_{ij}。通过比较计算所得到的 t_{ij} 与调查得到的 t_{ij} 确定 K_{ij}。因此,美国公路局模型能满足现状分布后得到的 t_{ij} 与调查得到的 t_{ij} 相一致。与行程时间模型一样,美国公路局模型能满足 $\sum_{j=1}^{n} t_{ij} = G_i$,但没有满足 $\sum_{i=1}^{n} t_{ij} = A_j$ 时,需要根据吸引交通量进行迭代计算修正。

此外,还有双约束的重力模型,它能满足 $\sum_{j=1}^{n} t_{ij} = G_i$ 和 $\sum_{i=1}^{n} t_{ij} = A_j$,但该模型较为复杂,本书不做介绍。

重力模型,特别是后两种重力模型是目前交通规划中广泛采用的模型。其主要优点是考虑的因素比增长率法更加全面,能较好地描述交通阻抗参数的变化,即使没有完整的现状OD表也能进行推算预测。其主要缺点是对短距离出行的分布预测值会偏大。从公式中可以看出,当交通阻抗趋近于零时,交通分布量会趋于无穷大,在运用时应注意。

三、交通方式划分预测

在预测出各交通小区之间的交通分布后,还要进行交通方式划分预测,才能换算成交通小区之间交通方式的交通量,从而完成下一阶段的路网交通分配预测。

1. 基本概念

交通方式也可理解为交通工具。发达国家主要分成公共交通和个体交通两大类,公共交通又可细分为地铁、轻轨、公共汽车等,其个体交通主要是指小汽车。我国的城市交通方式一般分为私家车出行、公交车出行、轨道交通出行、出租汽车出行、自行车出行、摩托车出行、步行等。其中,私家车出行、公交车出行和轨道交通出行在整个城市出行中占有相当大的比重。

交通方式划分预测是指在进行了交通分布预测得到OD矩阵之后,确定不同交通方式在小区间OD量中所承担的比例。其在交通需求预测中所处的阶段有四种情况,如果以G、D、MS和A分别表示出行生成、交通分布、交通方式划分和交通分配,则四种组合可用图4-7形式表示。

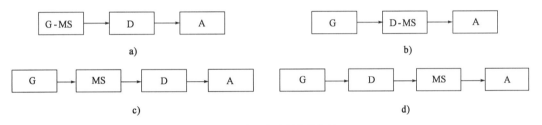

图4-7 交通方式划分的位置

图4-7a)意味着一开始就按不同的交通方式统计各自的出行生成量;图4-7b)把交通方式划分作为交通分布的一部分,即两者同时进行,这种程序可以从交通分布的结果中对比不同交通方式的效果;图4-7c)则表明交通方式在计算交通分布之前完成;图4-7d)为国外采用最多的方式,因为它可以把行程费用、服务水平等作为交通方式划分的评价指标,本书介绍这种组合方式下的交通方式选择模型。

服务水平是衡量交通流运行条件以及驾驶员和乘客所感受的服务质量,通常根据交通量、速度、行驶时间、驾驶自由度、交通间断、舒适性和方便性等指标来进行表征。美国将服务水平分为A至F六级,目前我国公路服务水平现分为四级,一级相当于美国的A级、二级相当于美国的B级、三级相当于美国的C、D两级,四级的上半段相当于美国的E级,而四级的下半段则相当于美国的F级。

2. 影响交通方式选择的因素

影响交通方式结构的因素很多,社会、经济、政策、城市布局、交通基础设施水平、地理环境及居民出行行为心理、生活水平等均从不同侧面影响交通方式结构。直接的影响因素包括:

(1)出行者特征:如个人是否拥有小汽车或其他机动交通工具、是否有驾驶执照及其职业、性别、年龄、收入、支出、家庭构成、住房形式和居住条件等。

(2)出行特征:包括出行目的、出行时段、出行距离等,不同的目的导致不同的选择。

(3)交通方式特征:包括行程时间、交通费用、各种交通方式的车内时间、步行距离、候车时间、票价、燃油费、车速、载客量、机动性、准时程度、舒适程度、安全性等。

3.交通方式划分预测方法

(1)转移曲线法:这是一种较为简单直观的交通方式划分预测方法。转移曲线是根据大量的调查统计资料绘制的各种交通方式的分担率与其影响因素之间的关系曲线,一般采用诺模图表示。美国、英国、加拿大都有成套的公共交通与个体交通的转移曲线,根据未来的影响因素,可以直接查出各种交通方式的分担率。

(2)函数模型法:主要包括线性模型和Logit模型。

①线性模型:将交通方式分担率与影响因素之间的相互关系用线性函数的形式表达,通过对相关因素的预测从而得到未来的交通方式分担率。

$$P_i = a_0 + \sum_k a_k x_{ik} \tag{4-20}$$

式中:P_i——第i种交通方式的分担率;

x_{ik}——第i种交通方式的第k个影响因素;

a_0、a_k——模型待定参数。

用这种方式求出的分担率无法保证$0 \leqslant P_i \leqslant 1$这一基本条件。鉴于此,人们开发了Logit模型。

②Logit模型:

$$P_i = \frac{\exp(U_i)}{\sum_{j=1}^{n} \exp(U_j)}, \quad U_i = \sum_k a_k x_{ik} \tag{4-21}$$

式中:U_i——第i种交通方式的效用函数;

j——交通方式的种类数;

其余符号意义同式(4-20)。

从模型的结构可以看出,$0 \leqslant P_i \leqslant 1$,$\sum P_i = 1$。

效用函数影响因素的选择及模型参数的标定,应根据实际调查的结果综合分析确定。以上介绍的两种交通方式预测方法着眼于相对微观的影响因素进行分析建模,而对于宏观影响因素,如未来国家经济政策、交通政策等方面考虑较少,因此,在预测未来的交通方式划分时需要研究城市现状交通方式结构及形成原因,对城市未来布局、规模变化趋势、交通系统建设发展趋势、交通方式选择决策趋势进行分析,并与具有可比性的有关城市进行对比分析,初步估计规划年城市交通结构可能的取值,以此来指导微观预测。

四、交通分配预测

所谓交通分配预测,就是把各种出行方式的OD分配到具体的交通网络上,通过交通分配所得的路段、交叉口交通量资料是检验道路规划网络是否合理的主要依据之一。国际上通常把交通分配方法分为平衡模型与非平衡模型两大类,并以 Wardrop 第一、第二原理为划分依据。平衡模型适用于宏观研究,非平衡模型在实际工程中应用广泛。

Wardrop 第一原理指出,网络上的交通方式分布是所有的使用路线都比没有使用的路线费用少;Wardrop 第二原理认为,车辆在网络上的分布使得网络上的所有车辆的总出行时间最小。若交通分配满足 Wardrop 第一、第二原理则称为平衡模型,满足第一原理的称为使用者优化平衡模型(User-Optimized Equilibrium),满足第二原理的为系统优化平衡模型(System-Optimized Equilibrium)。如果分配模型不使用 Wardrop 原理而采用模拟方法,则称为非平衡模型。非平衡模型根据分配手段可分为有迭代与无迭代两类,就分配形态而言有单路径与多路径两类,表4-9 展示了其组合的四种类型。

非平衡模型分类　　　　　　　　　　表4-9

形　态	无迭代分配	迭代分配
单路径型	最短路径分配	容量限制-最短路径分配
多路径型	多路径概率分配	容量限制-多路径概率分配

1. 最短路径分配

最短路径分配也叫全有全无分配(All-Or-Nothing Assignment Method,AON),是最简单、最基本的分配方法。该方法假设路段的车辆速度和交叉口延误不受交通负荷或路段的影响,所有驾驶员选择相同的最短路径。这样,任意 OD 点对应的 OD 流量被全部分配在连接 OD 点对应的最短线路上,其他线路不能分配流量。该方法简单,但是会导致交通分配不均,可能导致分配流量大于道路通行能力的状况。其计算步骤如下:

(1)计算每一个 OD 对之间的最短线路。

(2)将各个 OD 的交通量分配到相应的最短线路上。

其中,最短线路计算是该方法的核心,也是其他分配方法中不可缺少的部分。最短线路计算的方法很多,最为常见的是 Dijkstra 算法,即标号法。此外,还有 Bellman-Ford-Moore 算法、Floyd 算法、A^* 算法等,具体方法请参考有关运筹学的相关资料。

2. 容量限制-最短路径分配

容量限制-最短路径分配有容量限制-增量加载最短路径分配和容量限制-迭代最短路径分配两种形式。前者首先将 OD 表中的每一 OD 量分配为 K 部分,然后分 K 次用最短路径分配模型分配,并在每次分配时修正路权,路权采用路阻函数修正,直到把 K 个 OD 分表全部分配到网络上。具体操作时,可参见表 4-10 的分配次数,通常使用 5 次分配就能满足精度要求。后者不需分解 OD 表,先假设各路段交通量为零,据此计算阻抗,用最短路径分配模型进行分配,然后再按分配的交通量计算新的阻抗,再分配新的交通量。比较前后两次的阻抗和交通量,若满足精度要求,则停止迭代;否则继续迭代,直至达到精度要求。

分配次数 K 与每次的 OD 量分配率(%)　　　　　　　　表4-10

K	分配次序									
	1	2	3	4	5	6	7	8	9	10
1	100									
2	60	40								
3	50	30	20							

续上表

K	分配次序									
	1	2	3	4	5	6	7	8	9	10
4	40	30	20	10						
5	30	25	20	15	10					
10	25	20	16	12	9	7	5	3	2	1

常见的路阻函数是美国联邦公路局函数(BPR 函数)。它考虑了机动车流量对行程时间的影响,其表达式见式(4-22)。但在国内运用时,需要结合交通组成、行车干扰、道路条件等进行修正后方可使用。

$$t = t_0 + \left[1 + \alpha \left(\frac{q}{C}\right)^{\beta}\right] \tag{4-22}$$

式中:t——交通量为 q 的时候,两交叉口之间路段的自由行驶时间(s);

t_0——两交叉口之间路段的自由行驶时间(s);

q——路段的当量交通量(pcu/h);

C——路段的实际通行能力(pcu/h);

α、β——模型待定参数,建议 $\alpha = 0.15$,$\beta = 4$。

3. 多路径概率分配法

多路径概率分配法的思路是将各交通区的出行次数按比例分配到多条可行线路上,改善了相同 OD 选择单一路径的缺点。它根据出行者对可选路径的行程时间、距离等影响因素反应的程度,确定其选用某一线路的概率。该概率可以用 Logit 模型来描述:

$$P_k(r,a,b) = \frac{\exp\left[\dfrac{-\theta \cdot t(k)}{\bar{t}}\right]}{\sum_{i=1}^{m}\exp\left[\dfrac{-\theta \cdot t(i)}{\bar{t}}\right]} \tag{4-23}$$

式中:$P_k(r,a,b)$——OD 量 $T(a,b)$ 在第 k 条出行线路上的分配率(%);

$t(k)$——第 k 条出行线路上的广义交通阻抗;

θ——分配参数,用于量度出行者总体对路网熟悉程度的指标,取 3.0~3.5;

m——有效出行路线的条数。

模块五　交通规划方案编制与评价

道路交通系统规划是在综合交通系统分析的基础上进行的,即通过分析各种交通方式的竞争条件和交通需求,确定道路交通在综合交通系统中的地位和作用,在此基础上进行道路交通系统的规划。

一、交通规划方案编制的方法

1. 交通规划方案编制程序

已有的城市道路交通规划一般可以按图4-8的程序进行。对于新建城市的交通规划,则主要根据规划的人口、就业、土地利用布局等方面,综合考虑,合理安排道路交通网络。

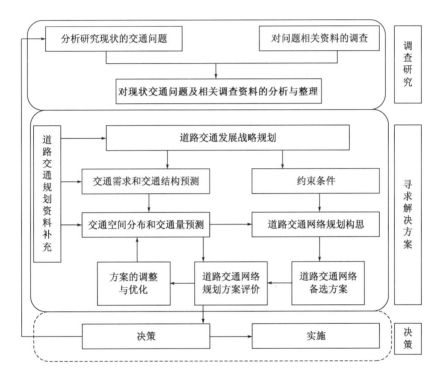

图4-8 城市道路交通规划的程序

2. 交通规划方案编制方法

城市道路交通规划方案一般根据如下方法进行编制:

(1)根据对现状交通的评价结果,对拥挤路段和路口提出相应的改善方案,参考城市总体规划及分区规划中的道路网络方案,提出一个初始方案。

(2)在预测未来年交通需求的基础上,将各种方式出行的OD矩阵分配到规划路网上,根据分配结果得到路段和交叉口的交通量及整个路网的运行情况。

(3)对每一个路段、交叉口以及整个路网的交通负荷、服务水平等运行指标进行分析,同时对路网的结构、布局等总体指标进行分析,在此基础上结合交通发展政策,对不同交通参与者的影响等方面进行方案评价。

(4)根据运行分析的结果,对规划方案进行调整,提出改善方案;返回第(2)步修改方案的交通预测与分配,直到规划方案可行、合理。

此外,有时根据考虑的重点不同,需要提出多套方案进行比选,以供决策。

二、交通规划方案编制的内容

交通规划方案编制的内容根据不同的类型、不同层级的交通规划而有所差异。在此以城市道路交通网络规划方案编制为例,其编制内容一般应包括城市道路交通网络发展战略规划和城市道路交通网络近、中、远期规划。城市道路交通网络发展战略应包括下列内容:

(1)分析交通需求发展,确定道路交通网络发展目标和水平。

(2)确定城市道路交通网络布局、城市对外交通通道。

(3)提出实施城市道路交通网络过程中的重要技术经济对策。

(4)提出有关交通发展政策和交通需求管理政策的建议。

城市道路交通网络近、中、远期规划应包括下列内容:

(1)确定各级城市道路的走向位置、红线宽度、横断面形式、主要交叉口的形式和用地范围。

(2)确定广场、公共停车场、公共交通场站、大型换乘枢纽和桥梁、渡口的分布、位置及用地范围。

(3)对交通网络规划方案作技术经济评估。

(4)提出分期建设与建设项目排序的建议。

三、交通规划方案的评价

交通规划方案的评价要坚持完备性、可比性、实用性和独立性原则,针对规划方案的适应性、可行性和协调性进行评价。此外,在进行具体的城市交通规划评价时,还要依据国家和各级政府关于城市交通网络规划建设的有关法律、规范、标准等方面的要求进行分析。

1. 经济效益评价

目前国内外普遍采用的经济评价指标有四个:净现值(Net Present Value,NPV)、效益费用比(Benefit Cost Ratio,BCR)、内部收益率(Internal Rate of Return,IRR)、投资回收期(Payback Period)。评价时需考虑资金的时间价值,在效益、费用折现的基础上计算经济评价指标。

对交通规划方案的经济效益评价要通过成本和效益两方面的核算完成,而成本与效益都有直接和间接之分。从成本(或投资费用)来看,直接费用包括初次投资费用及有关的交通设施、交通服务的运营和维修费用等;间接费用则包括其他政府机构所需的经费开支,以及大气和噪声污染治理的费用,能源、轮胎消耗费用等。

2. 技术性能评价

路网的技术性能评价,是从路网的技术性能方面分析其内部结构和功能,揭示路网的使用质量,为验证规划方案的合理性和决策提供技术依据。技术性能评价包括路网结构性能评价和交通质量评价两方面的指标。

(1)路网结构性能评价指标

路网结构性能评价是技术评价的一个重要方面,主要考察路网布局、连通状况、均衡状况、技术等级水平等满足社会经济发展和交通运输需求的程度,可以采用路网密度、级配结构、可达性等作为评价指标,对路网结构特性进行评价。

(2)交通质量评价指标

交通质量评价是考察路网所能提供的交通服务水平对变通需求的适应程度。它是从单条线路或单个交叉口出发,分析交通线路(道路、地铁、公交线路等)或交叉口的容量、服务水平、延误、事故等指标,然后汇总分析规划方案的效率和适应性。一般适用于中长期综合交通和近期治理规划。

3. 社会环境影响评价

(1)社会影响分析

一般来说,交通建设项目产生的社会影响主要有以下几方面的内容:①对社区发展的影响,包括社区概况、人口结构、经济发展、路线对两侧交往的阻隔等;②居民生活质量和房屋拆迁的影响,包括居民生活收入、公共卫生、文化设施、房屋拆迁等;③基础设施的影响,包括交通设施、通信设施、水利排灌设施及电力设施等;④资源利用的影响,包括土地资源、矿产资源、旅游资源和文物古迹等内容;⑤景观环境的影响:对自然景观和人文景观产生影响,对可供人游览、观赏、休息和进行科学文化活动的区域或路段产生影响;⑥对提高国家的战略战备能力产生影响。

(2)环境影响分析

一般来说,交通建设项目产生的环境影响主要有以下几方面:①环境空气影响与评价;②交通环境噪声及施工作业噪声影响与评价;③生态环境影响与评价;④震动影响评价。

模块六 交通规划工具软件介绍

交通规划工具软件于20世纪60年代末首先应用于美国,经历了从大型计算机到个人电脑的发展历程。随着与地理信息系统(Geographic Information System,GIS)的深度融合,交通规划软件取得了长足发展,到目前为止各项功能日趋完善,操作更为便捷,已经成为交通规划、管理及仿真分析等应用的重要平台。国内从20世纪80年代中期开始引进国外交通规划软件,在此期间也涌现了一些自主开发的软件,如东南大学TranStar、建设部交通工程技术中心TranSolution等。本节将对目前国内几款主流交通规划软件进行简要介绍。

一、TransCAD 交通规划软件

TransCAD由美国CALIPER公司开发,是唯一专为交通规划设计和运输管理行业设计的地理信息系统(GIS)软件,旨在帮助交通运输专业人员和组织机构存储、显示、管理及分析交通运输信息与数据,如图4-9所示。TransCAD集GIS与交通模型功能于一体,提供任何其他GIS或交通模型软件所不能及的综合功能。TransCAD适用于任何规模、任何形式的交通运输。TransCAD由网络分析模型、交通规划与运输需求预测模型、路径选择和物流模型、分区和定位模型组成,具有强大的空间分析功能和开发工具(GIS DK)。

TransCAD可创建交通规划相关的多种专题图,自动显示单行道,以期望显示分区到分区的流量,以交叉口图显示车流量和转弯情况,以条状图显示沿路线变化的设施特性。它与很多

数据库、GIS 和 CAD 绘图软件的数据文件格式兼容,如美国 ESRI 公司的 Shape file、ODBC 数据源文件格式(Access、Btrieve、DB2、INFORMIX、INGRES、Interbase、NetWare、SQLBase、SQL Server、Sybase)、文本、二进制数据表格、Mapinfo TAB 文件、栅格文件(SPOTView、TIFF、Geo-TIFF、Orthophoto、ECW、JPEG/World、MrSID)。

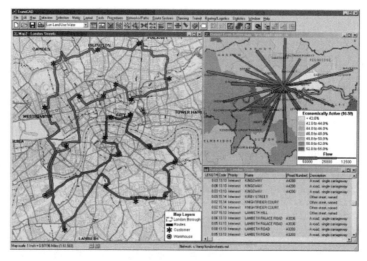

图 4-9 TransCAD 主界面

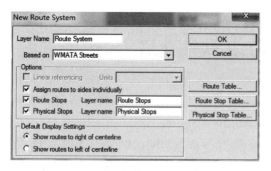

图 4-10 新建路线系统设置

在 TransCAD 中,路网是与道路线层相独立的,同一地理文件可以与许多不同的路网相连接。这就使得在路网中,路网特性可以随着时间或运输方式的不同而不同。路网的更新功能可以用来迅速建立起某种特殊情况下的路网并进行分析。图 4-10 为新建路线系统的输入设置窗口。

TransCAD 矩阵用于交通流数据及其他的一些与实体间关系相关的指标,如出行时间,实体间的这种关系用其他的数据表格是难以处理的。一个矩阵可以有许多层,以便比较同一地理环境下,不同的分析目的或出行方式下的交通流信息。

在 TransCAD 中,可以以任意的空间比例尺来进行分析,这就脱离了当分析在多种比例尺下都可行而只能在单一比例尺下进行分析的限制。而且它的地理集计功能将多种比例尺下的计算融合在了一起。在进行分析时,必须将 TransCAD 的数据对象与各种模型所需的输入输出联系起来。在四步骤需求模型中,要使用一个或多个小区层来保存交通小区(TAZ)信息,用向量和矩阵来保存交通流信息,用各种对象来构成交通网络。而 TransCAD 的对象间交叉转换功能可以很容易地将数据库转换成特殊的数据结构。

TransCAD 还具有公交规划的专用模块,在主菜单 Procedures 中选中 Transit,即可启用该模块。TransCAD 能够从其他规划软件包如 TRANPLAN、MINUTP、TP+、TRIPS 和 EMME/2 中导入公交网络,使用公交网络和车费结构,可以解决最短路径问题和计算公交路径属性,

TransCAD提供四类寻找最佳路径的路线选择模型(最短路方法、EMME/2 方法、融合 TRAN-PLAN 及 EMME/2 的方法、随机用户均衡方法)。公交网络也可以作公交分配,TransCAD 提供一系列复杂的公交网络分配程序(全有全无、Pathfinder 和随机用户均衡方法),得到公交网络中路段上乘客的数量。TransCAD 提供公共交通 OD 矩阵反推,用于得到起讫点之间的公交乘客流量,需要的输入包括基础的公交 OD 矩阵、公交网络、乘客流量、公交分配方法。运用 TransCAD 独特的带公共交通扩展的 GIS,可为复杂的公交系统作数据管理。

二、VISUM 交通规划与仿真软件

VISUM 由德国 PTV 公司开发,是一款适用于交通规划、交通需求建模及网络数据管理的宏观交通仿真软件。作为 PTV 公司系列软件的一部分,它更强调与其他软件 VISSIM、MUULI、VISEM 的组合使用,发挥其强大的图形分析功能和交通需求分析功能。能实现与 VISSIM 的无缝导入,分析功能强大。在多模式分析的基础上设计的 VISUM 把各种交通方式(比如小汽车、小汽车乘客、货车、公共汽车、轨道交通、行人、自行车)都融入一个统一的网络模型中。VISUM 可以提供各种交通分配运算程序以及"四阶段模型"要素,包括基于出行链和活动链的分析方法,能够满足智能交通和交通运输规划领域的所有建模需求。

VISUM 是运行于 MS Windows 下的一套以 PC 机为基础的软件,采用的是开放的、面向对象的编程概念,因而它允许用户运用 Visual Basic 或其他编程语言在 VISUM 的平台上编写特定的模块。VISUM 软件包中还嵌入了 ArcGIS 和 TRAFFIX。VISUM 支持将地理信息系统(GIS)的数据包含到模型中。同时支持 ESRI Shape 文件(文件后缀名 *.shp)和个人地理数据库(PGD)。VISUM 软件可以以"特征属性"或者"用户自定义特征属性"的形式保存各种数据值,可以通过列表的方式或者图形的方式展示出来(图 4-11),还可以针对交叉口进行渠化信息设置以及信号灯配时方案设置,并根据美国《道路通行能力手册》计算交叉口延误并评定对应的交叉口服务水平。这一功能适用于交通影响分析项目(图 4-12)。

VISUM 特色是其交互式的使用。如用户可以直观地在 GIS 格式下对路网元素进行选择和编辑,路网元素工具栏可以帮助用户开启或关闭图层和进行过滤器设置,通过特殊选项,用户可以选择任意的路网元素进行编辑;VISUM 可以帮助用户加速完成交通规划分析流程。

经过交通分配后,VISUM 中的路网、路径及分配的流量信息、交叉口渠化信息、交叉口的信号灯控制程序都可以导入 PTV 公司的微观交通仿真软件 VISSIM 中。如果在 VISUM 中定义了路段类型的等级,可以在路口自动确定主流向,因此也可以在 VISSIM 中自动生成对应的冲突区域。

VISUM 软件在交通规划方面具有如下特点:

(1)与常用的交通规划软件,如 TransCAD、EMME/2、CUBE 均有接口,可以实现数据转换和共享。

(2)VISUM 拥有分时段的出行生成模型和日常活动时间表,可以由日常活动时间表得到出行链模型,在方式划分模型方面可通过组件自定义出行方式。

(3)在交通分配模型部分,具有用于道路收费分析的双层迭代均衡分配和固定点多路径分配(主要用于 OD 校正)的功能,也考虑了交叉口的转向延误,分配结果的真实性和分配速度都优于常规算法,可方便地设置变量。

(4)提供基于发车频率和基于时刻表的两种不同系列的公交分配模型及算法,支持公交

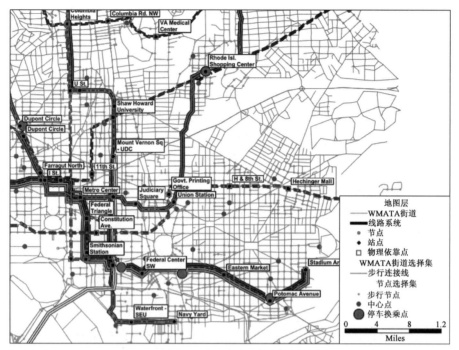

图 4-11 公交线网分布示意图

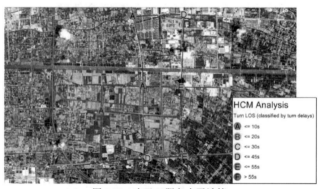

图 4-12 交叉口服务水平计算

拥挤模型。在公共交通分配模型中,除了 TransCAD 的功能之外,还可以使用用户定义的路径选择模型以及通过调查数据和电子收费数据进行直接分配;慢行交通可以作为公共交通的一部分或者独立参与交通分配。

技能训练

任务:基于 TransCAD 的交通规划基础实践

一、训练目标

(1)进一步理解和掌握交通规划的四阶段预测法。

(2) 能描述交通规划方案制定与评价的基本程序。

(3) 能使用规划软件完成一个简单的四阶段法交通需求预测。

二、实训方法

1. 教师讲解

针对交通规划中交通需求预测的一些基本概念进行重点讲解,使学生能对诸如出行、出行生成中的出行产生与出行吸引、交通分布、交通分配等概念进行准确的认识和理解。在此基础上,选择交通规划工具软件 TransCAD,指导学生认识、熟悉和使用该交通规划软件,通过一个实际的应用案例,讲解基于 TransCAD 交通规划软件如何实现交通规划需求预测的四阶段法,确保学生能够顺利操作 TransCAD 软件,达到对四阶段法的正确认识和理解。

2. 学生实训

本实训项目为软件操作,可以由每个学生单独完成。实训条件要求保证每个学生有一台独立操作的计算机,每台计算机上需要安装 TransCAD 软件,教师要给学生发放相应的实训素材和实训要求。

学生操作 TransCAD 软件,能够独立完成交通路网的构建、交通小区的构建、交通阻抗矩阵的输入、交通分配操作及成果输出等步骤,最后每个学生能够对所实训任务进行必要的总结,对于四阶段法中所涉及的理论方法同学可参考本单元模块四的相关内容。

三、任务清单

每位同学独立操作 TransCAD 软件,完成本任务规定的交通规划交通需求四阶段法预测步骤及成果输出。

四、注意事项

(1) 需要学生正确理解交通规划的基本概念及四阶段法的主要内容。

(2) 需要学生能正确操作 TransCAD 软件,注意各个步骤之间的操作顺序。

思考练习

1. 简要阐述交通规划的定义、分类及其基本的工作流程。
2. 简要分析交通规划的四阶段法以及这四个阶段之间的关系。
3. 试运用文献法梳理当前主流的交通规划软件并进行对比分析。

单元五

道路交通设计基础

学习目标

1. 掌握道路交通设计流程及主要内容；
2. 理解城市平面交叉口设计的基本内容；
3. 理解城市路段横断面设计的基本要求；
4. 理解停车场规划与设计的基本方法；
5. 了解城市地面常规公交站点的设计要求。

能力目标

1. 能够描述交通设计的基本工作流程；
2. 能够描述城市平面交叉口的设计内容；
3. 能够描述城市道路横断面的设计内容；
4. 会查阅城市停车规划与设计的相关规范；
5. 能根据给定条件完成简单的停车场设计。

素质目标

1. 体会交通设计所需要的精益求精的科学态度；
2. 在交通设计过程中感受团队的合作创新精神。

相关知识

道路交通设计是有效衔接道路交通规划、建设和管理的纽带。本单元将结合相关国家标准及行业规范要求，重点对城市平面交叉口、城市道路横断面、城市停车场与地面公交站设计内容进行介绍。

模块一　道路交通设计认知

一、道路交通设计的工作流程

1. 新建道路交通设计

由于新建道路的交通需求量为预测值,无法准确反映道路使用后的实际情况,故其交通设计为原则性设计,或称为可预见性的设计,使得道路在建成后即使发生问题也可以通过较为方便的方法和措施对其做进一步的改善。其流程如图 5-1 所示。

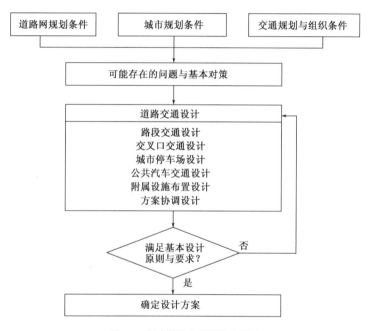

图 5-1　新建道路交通设计流程图

2. 改建与治理性道路交通设计

建成道路的改建和治理过程比较复杂,并且是在交通管理规划部门已经做好路网交通组织的前提下进行的。这是因为,在解决交通拥堵问题时,若某交叉口交通流量过大,无法通过改建和治理的措施加以解决时,需要重新进行交通流组织,利用路网的资源来改善交通。改建和治理性道路交通设计的基本流程如图 5-2 所示,详细内容将在后文阐述。

二、道路交通设计的主要内容

道路交通设计贯穿于道路规划、设计、建设和管理的全过程。

在道路规划阶段,交通设计着重开展交通调查、交通预测和交通研究,提出交通分析报告。

在道路设计阶段,交通设计在道路交通和功能分析的基础上,着重明确路幅宽度、道路平面线形、纵断面线形、横断面分配、交叉口缘石转弯半径等;道路机动车道、非机动车道、人行道及分车带宽度等;路段的进出交通、行人过街设施、路边临时停车、公共交通路途停靠站、公共交通专用道(路)及出租车临时停靠点设置要求;交叉口交通渠化设计;城市停车场设计等。同时,交通设计应明确道路路段及交叉口交通管理设施,如交通管理标志、标线、停车线、信号控制等要求,也应明确道路景观、绿化、管线等的设计要求。

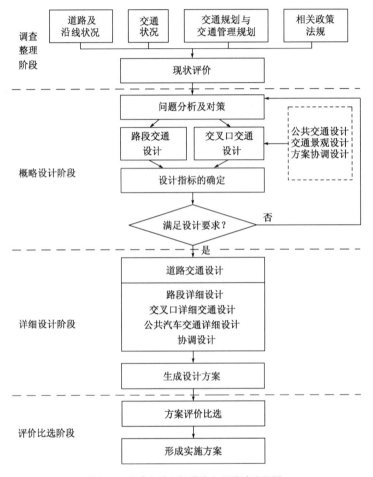

图 5-2　改建与治理性道路交通设计流程图

在道路工程建设前或施工阶段,交通设计着重编制施工期交通组织方案,保证一定水平的交通运行,确保施工期间工程施工顺利进行。同时结合建设实践,对交通设计进行调整完善,提出与管理运行相衔接的建议。

模块二　道路平面交叉口设计

道路在同一平面交叉连接的交叉路口称为平面交叉口,和交叉口连接的路段称为交叉口引道。在平面交叉口上,车辆从上游路段驶入交叉口的一段车行道被称作进口道,车辆从交叉口驶入下游路段的一段车行道被称作出口道。

平面交叉口的分类方法很多。根据集中于平面交叉口的路段数的不同,平面交叉口可分为三路交叉、四路交叉和多路交叉等,由此衍生出多种交叉口形状,包括:十字形交叉口、X字形交叉口、T字形交叉口、Y字形交叉口、多路交叉口(大于四条)和环形交叉口。根据信号灯控制情况,平面交叉口可分为信号控制交叉口(平A类)、无信号控制交叉口(平B类)和环形交叉口(平C类)三种类型。下面重点以平面十字形交叉口为例,讲解其进、出口道设计及相关渠化设计内容。

一、平面交叉口的进、出口道设计

1. 进口道车道数、宽度及长度设计

交叉口进口道车道数的确定,应以保证进口道与路段通行能力相匹配为目标,同时考虑进口道宽度约束。在确定进口道的车道数及宽度时,应遵循以下原则:

(1)新建交叉口进口道宽度,应根据各交通流向预测的流量来决定。
(2)改建交叉口进口道宽度,应根据各交通流向的实测或预测流量决定。
(3)治理交叉口进口道宽度,应根据各交通流向的实测流量及可实施的治理条件来决定。

平面交叉口一条进口车道的宽度宜为3.25m,困难情况下最小宽度可取3.0m;当改建交叉口用地受到限制时,一条进口车道的最小宽度可取2.80m,转角导流交通岛右侧右转专用车道应按设计速度及转弯半径大小设置车道加宽。道路进、出口道的参考设计宽度见表5-1。

进、出口道设计宽度参考值　　表5-1

项目	进口道	出口道
设计宽度(m)	2.80~3.25	3.25~3.50

交叉口进口道长度由展宽渐变段长度L_a与展宽段L_b组成,如图5-3所示。展宽渐变段长度L_a按车辆以70%路段设计车速3s横移一条车道时来计算确定。渐变段最小长度不应小于:支路20m,次干路25m,主干路30~35m。展宽段最小长度应保证左转或右转车不受相邻候驶车辆排队长度的影响。相邻候驶车辆排队长度L_s可由式(5-1)确定。

$$L_s = 9N \qquad (5-1)$$

式中:N——高峰15min内每一信号周期的左转或右转车的排队车辆数。

当需要设两条转弯专用车道时,展宽段长度可取一条专用车道长度的60%。无交通量资料时,展宽段最小长度不应小于:支路30~40m,次干路50~70m,主干路70~90m,与支路相交取下限,与主干路相交取上限。

2. 出口道的宽度及长度设计

(1)出口道每条车道宽度不应小于路段车道宽度,宜为3.5m,条件受限的改建交叉口出口道每条车道的宽度不宜小于3.25m。

(2)出口道长度由出口道展宽段和展宽渐变段组成(图5-3)。出口道展宽段最小长度不应小于30~60m,交通量大的主干路取上限,其他可取下限;当设置公交停靠站时,应再加上站台长度。出口渐变段最小长度不应小于20m。

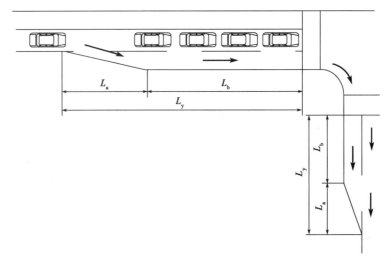

图 5-3　进口道展宽设置右转专用道

二、交叉口诱导线、交通岛设计

在城市道路平面交叉口内,左转交通对交通的流畅和安全有很大的影响。因此,为了明确交叉口内左转车辆的行驶和等待位置,以及交通流在交叉口内曲线行驶的方向,宜采用诱导线来诱导左转车辆,如图 5-4 所示。

然而,如果诱导线设置过多,将会引起交叉口内的混乱,因此诱导线应控制在最少数量。同时,诱导线通常设置在交通流易发生弯曲形成不规则行驶轨迹,或跨越其他交通流的地方,与其他路面标线相比,容易磨损,因此要特别注意维护管理和及时更新。

交通岛按其功用及设置位置,可以分为导流岛(或称方向岛)、分车岛(或称分隔带)、中心岛和安全岛。

导流岛对渠化交通起着很大的作用,复杂的(形状不规则、交叉角小等)交叉口往往只要用几个简单的导流岛就能有效地减少车流的冲突,改善交叉口的行车安全与通畅,提高通行能力。导流岛能限制行车方向,促使斜交车流变成直角交叉;也能限制车道宽度,控制车速,防止超车,减少交通事故。图 5-5 是典型的导流岛设置示意图。

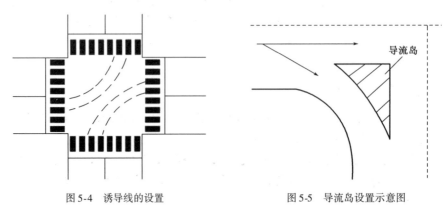

图 5-4　诱导线的设置　　　　　图 5-5　导流岛设置示意图

交通岛的设计应注意以下几点：

(1)交通岛设在行车轨迹最少通过的位置,这样既可以确保合理的行车轨迹,又可以减小交叉口的多余面积,减小冲突区域。

(2)交通岛的设置应该使行车自然方便,一般建议使用比较集中的大岛而不提倡使用混乱分散的小岛。各种交通岛的面积不宜太小,一般不应小于$7m^2$。

(3)交通岛的形状和位置应配合交通组织和交通管理,给出正确的指示,使车辆按正确的路线行驶。

三、交叉口人行横道及自行车道设计

1. 交叉口人行横道设计

人行横道线表示准许行人横穿行车道的标线,其颜色为白色。人行横道线的设置,应根据行人横穿道路的实际需要确定,一般应选择在行人交通汇合处设置,设置方向应与道路垂直。人行横道的最小宽度为3m,可以根据行人的流量以1m为一级加宽。

在交叉口处,一般宜在弯道以外即直线部分设置人行横道,使行人通过距离最短。在信号控制交叉口,人行横道位置须与信号灯位置配合,一般在停车线前,与停车线相距不小于1.5m。人行横道过长时,应考虑在道路中央设安全岛或中央分隔带。

2. 交叉口自行车道设计

自行车交通是我国交通的一大特点,我国自行车交通占有很大的比例,因此自行车的交通管理和组织对保障交通系统畅通、安全具有重要的意义。

(1)自行车在交叉口的交通管理应遵循的原则

①自行车交通应与机动车交通进行空间或时间分离。

②如无条件进行分离,也必须给出适当的空间让自行车与机动车分道行驶。

③应尽量使自行车处于危险状态的时间减到最小。

④如果空间允许,自行车暂停的地方应提供实物隔离措施。

⑤为了简化机动车驾驶员在交叉口的观察、思考、判断及采取措施的复杂过程,自行车交通与机动车交通的冲突点,应尽可能远离机动车交通之间的冲突点。

⑥当自行车与机动车在交叉口等待信号灯或通过交叉口时,应保证互相能够看清楚,特别是当自行车通过交叉口时,应尽可能使机动车驾驶员掌握自行车的行驶路线与方向。

⑦当自行车进入交叉口等待交通信号灯放行时,应尽可能提供自行车一个安全的停车位置。

(2)交叉口自行车道渠化

根据自行车交通在交叉口的交通管理原则,可以通过以下渠化方法更好地组织自行车交通通过交叉口。

①右转弯专用车道:利用现有的路面开辟专门用于右转弯的自行车车道。其优点是可以缓和交叉口的交通拥挤,有利于交通安全。右转弯专用车道要求交叉口较宽,右转自行车流量大,且骑车人严格遵守各行其道的原则。

②左转弯专用车道:国外常用设左转弯专用车道法处理自行车在交叉口的左转弯问题。

日本使用彩色(绿色或蓝色)路面标示自行车左转弯专用车道。这种方法通过限制左转弯自行车流,减少左转弯自行车流对直行机动车流的干扰;然而这样会增加自行车的运行路程,使骑车人感到很不习惯。因此,该方法只适用于左转弯自行车流较小,且无须对自行车加强交通管理的交叉口。

③左转弯候车区:在交叉口自行车进口道的前面,设置左转自行车的候车区,绿灯时左转自行车随直行自行车运行至对面的左转候车区内,待另一方向的绿灯亮时再前进,即变左转弯为两次直行。左转弯候车区的优点是可以通过消除左转自行车对机动车的干扰,提高机动车通过交叉口的运行速度及通行能力,能通过减少左转自行车与直行机动车流的冲突点,提高交叉口的交通安全。其缺点与自行车左转弯专用车道的缺点基本相同。

④停车线提前:根据自行车起步快的特点,将交叉口自行车停车线画在机动车停车线的前面,当绿灯亮时,让自行车先进入交叉口,可避免同机动车相互拥挤。两条停车线之间的距离依自行车和机动车交通量大小及交叉口的几何尺寸而定。将自行车停车线提前有利于提高交叉口的通行能力与交通安全,但是只有对骑车人加强管理与教育,使自行车做到合理停车,才能发挥此法的作用。

⑤自行车横道:在主干道上画自行车横道线,提示驾驶员注意横向自行车。如同人行横道一样,在自行车横道内,自行车是优先的。机动车遇到自行车横道要减速行驶,当横道内有自行车时应暂停,让自行车先通过。自行车横道适用于支路(包括胡同、里弄等)与主路或次路的平面交叉处,还适用于一些大建筑物出入口与主路的交叉处。

模块三　城市路段交通设计

在城市路段交通设计中,主要包括城市道路横断面设计、车行道与人行道设计及路段进出交通管理设计。

一、城市道路横断面设计

城市道路横断面设计是交通工程、道路工程、市政工程和景观绿化设计的综合,而不是简单的道路几何设计。因此,在进行城市道路横断面的选择与组合时,除应考虑道路的性质、等级和功能要求外,还必须考虑公共交通、行人与非机动车的交通功能的要求,同时综合考虑环境和工程设施等方面的要求。

1. 单幅路横断面

单幅路又称为一块板道路断面,如图5-6所示,所有车辆都集中在同一个车行道上混合行驶,车行道布置在道路中央。可以采用画中央车道线及快慢车道线、只画中央车道线和不画线3种形式灵活组织交通。该形式适应于机动车与自行车流量较小或其中一类流量较大但两者的高峰期错开的道路,还可以应用在"潮汐式"交通特征明显的道路。由于其造价较低、组织方便,故流量不大的次干道及支路较多采用。

图 5-6　单幅路横断面(一块板道路断面)

2. 两幅路横断面

这种断面形式利用中央分隔带(或分隔墩、栏杆)将一幅路的车行道一分为二,使车辆对向分开行驶,又称两块板道路断面,如图 5-7 所示。可以采用取消非机动车道、画快慢车道线或非机动车道与人行道共板 3 种形式。这种断面形式相向机动车分隔行驶,基本消除对向机动车干扰,内侧车道行驶车速较高,一般用于快速路、主干道、机动车流量相对较大但自行车流量不大的次干道。

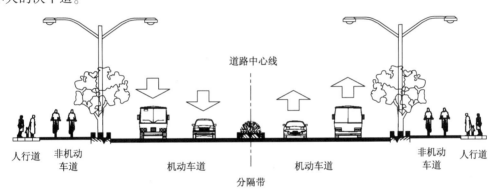

图 5-7　两幅路横断面(两块板道路断面)

3. 三幅路横断面

在道路两侧用分隔带(或分隔墩、栏杆)将一块板道路的车行道一分为三,中间双向行驶机动车,两侧均单向行驶自行车,又称为三块板道路断面,如图 5-8 所示。它主要用于机动车和非机动车流量都较大的主、次干道。

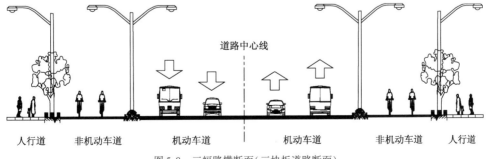

图 5-8　三幅路横断面(三块板道路断面)

这种断面形式消除了机非之间以及非机动车与行人之间在路段上的相互干扰,但交叉口处遗留的问题较多,路段行人过街以及机动车掉头设计均不便,随着自行车数量的减少,其原本最大的机非互不影响的优势已成为过去,而且其利用分隔带单独建设的自行车道对道路用地的资源浪费和机动车道的拓宽处理方式也成为道路横断面改造的首要问题。

4. 四幅路横断面

在三块板道路的基础上,再利用中央分隔带将中间的机动车道分隔为二,使机动车分向行驶,又称为四块板道路断面,如图 5-9 所示。该形式主要适用于宽度较大、机非流量都较大的主干道路。这种断面形式消除了对向机动车之间、机动车与非机动车之间以及非机动车与行人之间在路段上的相互干扰。但这种断面形式在交叉口处遗留的问题较多,可根据交通需求的变化将其改造成为两块板或利用非机动车道设置公共交通专用道。

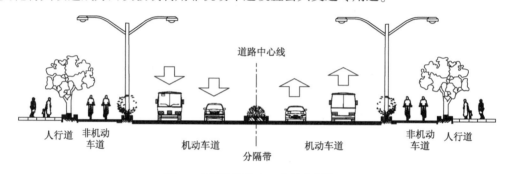

图 5-9 四幅路横断面(四块板道路断面)

二、路段车行道与人行道设计

1. 机动车道设计

机动车道的设计要保证机动车通行的连续性、安全性,避免机动车与行人、非机动车之间的相互干扰,还要尽量减少机动车相互之间的冲突。

(1) 宽度设定

机动车道宽度应参考单车道宽度的整倍数值。根据机动车高峰小时交通量和单车道设计通行能力来确定机动车道的条数。路段上单车道宽度应根据其上行驶车辆的车型和设计车速来确定,一般最大宽度不宜超过 3.75m,最小宽度不得低于 3.0m;对于靠近中央分隔带、机非分隔带或人行道的机动车道,其外侧应有不低于 0.25m 宽的安全距离。《城市道路工程设计规范》(CJJ 37—2012)规定了一条机动车道的最小宽度值,见表 5-2。

一条机动车道最小宽度　　　　表 5-2

车型及车道类型	设计速度(km/h)	
	>60	≤60
大型车或混行车道(m)	3.75	3.50
小客车专用车道(m)	3.50	3.25

(2)隔离措施

城市快速路及主干路的设计车速不低于50km/h时,应设中央分隔带以分隔对向交通,不应采用双黄线。在其余低等级道路上,如果囿于条件无法采用硬质分隔,可以用双黄线来分隔对向交通。

(3)车道管理

车道管理包括单向交通、变向交通和专用车道等措施。单向交通又称单行线,是指道路上的某些车辆在某些时段只能按一个方向行驶的交通。

变向交通又称"潮汐交通",是指在不同的时间内变换某些车道行车方向的交通。当道路上机动车道宽变不低于双向3车道,道路上交通量方向分布系数(单向交通流量与双向交通流量的比值)大于2/3时可考虑设置潮汐车道。潮汐车道(可变向车道)以两条黄色虚线并列组成的双黄虚线作为其指示标线,指示潮汐车道的位置。黄色虚线的宽度为15cm,线段与间隔长度应与同一路段的可跨越同向车行道分界线一致。两条线之间的间距一般在10~15cm之间,同时还可配合使用相应的物理隔离设施(图5-10)。

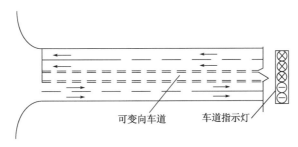

图5-10 变向交通设置示意图

专用车道是规定只允许某种车辆行驶或只限某种用途使用的车道。它主要是指公共交通车辆专用车道,也包括高乘载车辆(High Occupancy Vehicle,HOV)专用车道。

2.非机动车道设计

非机动车道的设计要保证非机动车通行的安全性、连续性,避免与行人、机动车之间的相互干扰。

(1)宽度设定

非机动车道宽度可参考单车道宽度的整倍数值,单向行驶最小宽度不得小于1.0m。根据非机动车高峰小时交通量和单车道设计通行能力来确定非机动车道的条数。《城市道路工程设计规范》(CJJ 37—2012)规定了一条非机动车道的宽度值,见表5-3。

一条非机动车道宽度 表5-3

车辆种类	自行车	三轮车
非机动车道宽度(m)	1.0	2.0

(2)隔离措施

非机动车道与机动车道之间可以用绿化带、栅栏或仅用画线的方法进行隔离,尽量避免机、非混行。如果人行道宽度足够大,可以让非机动车上人行道行驶,宜用绿化带或不同铺装将人流和非机动车流隔离。

3. 人行道设计

(1) 路段人行道

路段人行道的设计要充分考虑到行人通行的安全性、畅通性和舒适性,尽量避免行人与车辆共享通道。人行道上行人通道的宽度应根据行人通行需求和人行道设计通行能力确定,最小宽度不得小于1.5m。

在人行道边缘,宜通过设置绿化带(行道树及其他的绿化)来隔开人行道与机动车道或非机动车道,以阻止行人穿越;当人行道较宽,供行人和非机动车共享时,宜采用不同铺装或绿化带将人流和非机动车流隔离。另外,考虑到残疾人的通行需求,应进行无障碍设计,宽度足够的条件下宜设置盲道。

(2) 路段行人过街横道

行人过街横道的设置应在整条道路上通盘布置。在主干路和次干路的路段上,行人过街横道间距宜为250~300m。行人过街横道的最小宽度不得小于3.0m,在此基础上根据行人过街需求和行人过街横道设计通行能力而适当增加整数米长度,路段行人过街横道应该配以相应的交通标志、标识,包括注意行人标志、行人过街横道标志、行人过街横道预警标识等。

当道路宽度超过6条机动车道时,应在中央分隔带或机非分隔带上设置行人驻足岛,设置右转折线形过街横道,以解决无法实现行人一次过街的问题。路段行人二次过街如图5-11所示。另外,人行道及分隔带上与行人过街横道衔接处应进行无障碍设计。

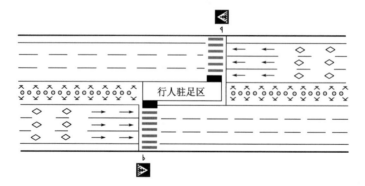

图5-11　路段行人二次过街

三、路段进出交通设计

路段进出交通的设计既要考虑车辆进出的便捷性,更要考虑对主线交通的干扰影响,一般情况下应避免左进左出。为避免车辆直接左进左出,可采取以下几种方法:

(1) 可采用局部区域交通组织的方法,使车辆绕道而行。

(2) 可使车辆利用交叉口掉头后右进右出。

(3) 在路段上设置掉头车道和掉头通道。

在三幅路段(三块板)道路上,应尽量保持机非分隔带的连续性,路段上企(事)业单位门前的机非分隔带开口间距一般不应低于200m。

在两幅路段道路上,中央分隔带宽度不小于4m,或单向机动车道不少于3条的情况下,一般可设置掉头车道和掉头通道。当车辆掉头需求较小时,可让掉头车辆在掉头通道停车待行,否则应在对向车道画出避让线。若中央分隔带宽度足够,可考虑压缩中央分隔带以设置掉头待行区段和汇入区段。对路段行人过街横道与掉头车道的布设可以相互结合。对于某些特殊的大型交通集散点,可允许车辆直接左转进出,宜将其门前路段上中央分隔带断开一段距离,在其门前右侧设置左转待行区段,必要时可进行感应信号控制,以方便车辆左进左出;必要时还应做好前后邻近交叉口的交通组织管理,通过组织绕行线路,尽量减少经过该集散点的车流。

模块四　停车场规划与设计

一、停车场的分类及相关概念

停车场是指供车辆(包括机动车和非机动车)停放的场所。当前,全球很多大城市普遍存在停车场规划滞后、投资不足、停车用地控制不力等问题,从而造成交通拥挤、环境恶化的现象屡见不鲜。因此,如何科学地综合静动态交通的协调组织、停车者步行距离、停车存取便利性、生态环境影响、土地价值利用等多方面的因素,进行停车场规划和设计非常重要。

1. 停车场的分类及附属设施

(1)按停放车辆的类型分

停车场按车辆停放的类型分为机动车停车场和非机动车停车场。机动车停车场主要为各类汽车和摩托车停放服务;非机动车停车场在城市中主要是自行车停车场,包括各种类型的自行车停放场所。

(2)按停车场服务对象分

停车场按服务对象分为专用停车场和公共停车场。专用停车场是指主要供单位车辆停放的场所和私人停车场所,如公交公司、运输公司、机关部门的停车场和检修保养停车场等;公共停车场是指主要为社会车辆提供服务的停车场所,如城市出入口、外围环路、市中心区等处为社会公用的停车场以及商场、影剧院、体育场(馆)、医院、机场、车站、码头等的停车场。

(3)按停车场地使用时间分

停车场按场地使用时间分为临时停车场和固定停车场。临时停车场是根据临时需要,临时划定一些停车场地,场地的使用性质随时可能发生变化;固定停车场是根据确定需求而固定设置的停车场地,一般不易发生变化。

(4)按停车用地性质分

停车场按停车用地性质分为路内停车场和路外停车场。路内停车场是在道路用地控制线(红线)以内划定的供车辆停放的场地。这种停车场一般设在街道较宽的路段或利用高架道路、高架桥下的空间停车。路内停车场设置简易、使用方便、用地紧凑、投资少,适宜车辆临时停放。路外停车场则是指在道路用地控制线(红线)以外供车辆停放的场地。

2. 停车场规划与设计的相关概念

要做好停车场的规划设计,必须充分了解车辆停放的具体情况和特征。为了描述车辆停放的主要特征,需要对停车调查分析的主要参数进行定义。

(1) 停车目的

停车目的是指车主(驾驶员、骑车人员)在出行中停放车辆后的活动目的,如上班、上学、购物、娱乐等。

(2) 累计停车数

累计停车数是指一定时间(时段)停放在区域内的实际停放车数量。

(3) 停车场容量

停车场容量是指给定停车区域或停车场有效面积上可用于停放车辆的最大泊位数。

(4) 停车密度

停车密度是停车负荷的基本度量单位,它可以有两种定义:一是指停放吸引量(存放量)大小随时间变化的程度,一般高峰时间段停车密度最高;二是指空间分布而言,表示在不同吸引点停放吸引量的大小程度。因此,停车密度可概括为停车的时间密度和空间密度,均可用柱状图来表示。

(5) 停车时间

车辆在停放设施上的实际停放时间,用所有停放车辆的平均停放时间来表示,是衡量停车场交通负荷与周转效率的基本指标。

$$\overline{T} = \frac{\sum_{i=1}^{N} t_i}{N} \tag{5-2}$$

式中:$\overline{T}$——停车时间(min);

t_i——第 i 辆车的停放时间(min);

N——累计停车数。

(6) 停放周转率

停放周转率是指单位停车车位在某一间隔时段(1d、1h 或几小时)内的停放车辆次数,为实际停放车累计次数与车位容量之比。

$$F = \frac{N}{C} \tag{5-3}$$

式中:F——停放周转率;

C——停车场容量。

(7) 停放车指数(停放饱和度)

停放车指数是指某时段内实际停车数量与停车场容量之比,它反映了停车场地的拥挤程度。

$$E = \frac{n}{C} \tag{5-4}$$

式中:E——某时段实际停放车指数;

n——实际停车数量。

(8)利用率

利用率反映了单位停车泊位在一定时间内的使用效率,即时间占有率,用所有停放车辆的总时间与停车场容量乘以时间之积的比值来确定。

$$G = \frac{\sum_{i=1}^{N} t_i}{C \times T} \quad (5\text{-}5)$$

式中:T——计算时段的长度(min)。

(9)步行距离

步行距离是指从停放车处到出行目的地的实际步行距离,可反映停车场布局的合理程度,也是规划的重要控制因素之一。

二、停车需求预测

一般而言,停车需求分为两大类。一类是车辆拥有的停车需求,即所谓夜间停车需求,主要是为居民或单位车辆夜间停放服务,可从各区域车辆注册数估计出来。另一类是车辆使用过程的停车需求,即所谓日间停车需求,主要是由于社会经济活动所产生的各种出行所形成的,由于出行活动目的、地点和时间等均不易掌握,其需求分析就显得十分复杂而困难。停车需求与城市人口规模、土地利用、车辆增长、出行方式、道路设施乃至政策等都有关系,常见的停车需求预测模型主要有以下两类。

1. 基于类型分析法的产生率模型

本方法的基础是建立土地利用与停车产生率的关系模型。例如:对一个办公大楼,其停车需求可以用每 100m² 所需若干停车位表示,也可以用每个就业岗位(雇员)需配备若干停车位来表示,其数学表达式如下:

$$P_{di} = \sum_{j=1}^{n} (R_{dij} \cdot L_{dij}) \quad (j=1,2,\cdots,n; i=1,2,\cdots,m) \quad (5\text{-}6)$$

式中:P_{di}——第 d 年 i 区高峰时间停车需求量(车位);

R_{dij}——第 d 年 i 区 j 类土地使用单位停车需求产生率;

L_{dij}——第 d 年 i 区 j 类土地使用量(面积或雇员数)。

有关停车需求产生率的标定,涉及城市规划、交通规划、交通管理等多方面的内容,与城市经济社会发展紧密相关,需要结合城市不同的发展时期,开展深入细致的调查分析工作。自改革开放以来,我国城市化、机动化迅猛发展,城市停车需求也在不断发展变化。目前我国城市建筑用地停车需求产生率可参考《城市停车规划规范》(GB/T 51149—2016)中有关建筑物配建停车位指标的参考数据,见表5-4。

建筑物配建停车位指标参考值　　　　　表5-4

建筑物大类	建筑物子类	机动车停车位指标下限值	非机动车停车位指标下限值	单 位
居住	别墅	1.2	2.0	车位/户
	普通商品房	1.0	2.0	车位/户
	限价商品房	1.0	2.0	车位/户

续上表

建筑物大类	建筑物子类	机动车停车位指标下限值	非机动车停车位指标下限值	单位
居住	经济适用房	0.8	2.0	车位/户
	公共租赁住房	0.6	2.0	车位/户
	廉租住房	0.3	2.0	车位/户
医院	综合医院	1.2	2.5	车位/100m² 建筑面积
	其他医院(包括独立门诊、专科医院等)	1.5	3.0	车位/100m² 建筑面积
学校	幼儿园	1.0	10.0	车位/100 师生
	小学	1.5	20.0	车位/100 师生
	中学	1.5	70.0	车位/100 师生
	中等专业学校	2.0	70.0	车位/100 师生
	高等院校	3.0	70.0	车位/100 师生
办公	行政办公	0.65	2.0	车位/100m² 建筑面积
	商务办公	0.65	2.0	车位/100m² 建筑面积
	其他办公	0.5	2.0	车位/100m² 建筑面积
商业	宾馆、旅馆	0.3	1.0	车位/客房
	餐饮	1.0	4.0	车位/100m² 建筑面积
	娱乐	1.0	4.0	车位/100m² 建筑面积
	商场	0.6	5.0	车位/100m² 建筑面积
	配套商业	0.6	6.0	车位/100m² 建筑面积
	大型超市、仓储式超市	0.7	6.0	车位/100m² 建筑面积
	批发市场、综合市场、农贸市场	0.7	5.0	车位/100m² 建筑面积
文化体育设施	体育场馆	3.0	15.0	车位/100 座位
	展览馆	0.7	1.0	车位/100m² 建筑面积
	图书馆、博物馆、科技馆	0.6	5.0	车位/100m² 建筑面积
	会议中心	7.0	10.0	车位/100 座位
	剧院、音乐厅、电影院	7.0	10.0	车位/100 座位
工业和物流仓储	厂房	0.2	2.0	车位/100m² 建筑面积
	仓库	0.2	2.0	车位/100m² 建筑面积
交通枢纽	火车站	1.5	—	车位/100 高峰乘客
	港口	3.0	—	车位/100 高峰乘客
	机场	3.0	—	车位/100 高峰乘客
	长途客车站	1.0	—	车位/100 高峰乘客
	公交枢纽	0.5	3.0	车位/100 高峰乘客

续上表

建筑物大类	建筑物子类	机动车停车位指标下限值	非机动车停车位指标下限值	单 位
游览场所	风景公园	2.0	5.0	车位/公顷占地面积
	主题公园	3.5	6.0	车位/公顷占地面积
	其他游览场所	2.0	5.0	车位/公顷占地面积

2. 基于相关分析法的多元回归模型

从城市停车需求的本质及其因果关系中可以发现,停车需求与城市经济活动、土地使用等多因素相关。美国道路研究委员会(HRB)的研究报告提出以下数学模型:

$$P_{di} = K_0 + K_1(E_{di}) + K_2(O_{di}) + K_3(A_{di}) + K_4(D_{di}) + K_5(R_{di}) + K_6(S_{di}) + \cdots \quad (5-7)$$

式中:P_{di}——第 d 年 i 区高峰时间停车需求(车位);

E_{di}——第 d 年 i 区就业岗位数;

O_{di}——第 d 年 i 区人口数;

A_{di}——第 d 年 i 区房屋地板面积;

D_{di}——第 d 年 i 区企业单位数;

R_{di}——第 d 年 i 区零售单位数;

S_{di}——第 d 年 i 区小汽车拥有数;

K_i——回归系数,$i=1,2\cdots$。

上述模型是根据若干年所有变量的资料,用回归分析方法计算出其回归系数值,并要经过统计检验。值得注意的是,在对未来停车需求进行预测时,需将模型中的 K_i 做适当修正,才能符合未来情况的变化。

三、停车场规划

1. 城市总体规划阶段的停车场规划

停车场规划是城市规划的组成部分之一,在城市总体规划(包括城市分区规划)过程中,停车场规划的范围主要是公交公司、运输公司、出租汽车公司等运输部门的专用停车场以及城市出入口、外围道路、市中心区、商业区、体育场(馆)、机场、车站、码头等处的公共停车场。这些停车场一般都较大,总体规划就是对这些停车场的定点位置、规划容量、占地面积等进行科学论证,合理布设,以便城市规划管理部门对这些停车场的规划用地进行控制,使规划得以实施。

(1)规划容量

一个城市所需的总停车面积可通过该城市拥有的机动车数或人口数量进行估算,并参考城市经济发展水平等因素进行修正。

①按城市机动车拥有量估算。

$$F = m \times n \times a \quad (5-8)$$

式中:F——规划期末城市所需的总停车面积(m^2);

m——规划期末城市的机动车拥有量(辆);估算时将所有机动车换算成计算当量车型(小型汽车);

n——使用停车场的车辆数占总数 m 的百分比,一般为 5% ~ 15%,客运车辆比例大、城市经济发展水平高、过境交通比重大的城市取高值,反之取低值;

a——小型汽车的单位停车面积(m^2)。

②按城市人口数量估算。

$$F = P \cdot b \tag{5-9}$$

式中:F——规划期末城市所需的总停车面积(m^2);

P——规划期末城市的人口数量(人);

b——每个城市人均所需的停车面积(m^2/人),一般为 0.6 ~ 1.0m^2/人,客运车辆比例大、大城市经济发展水平高、过境交通比重大的城市取大值,反之则取小值。

对于城市外围的公路停车场所需的停车面积,日本在确定这类停车场容量时,根据公路交通量与停车场利用率,按式(5-10)估算。

$$N = \frac{Q_B \cdot A \cdot B}{C} \tag{5-10}$$

式中:N——所需停放车辆数(辆);

Q_B——规划期末一侧公路的交通量(veh/h);

A——途中停车率(%);

B——高峰率,以高峰小时交通量占全日交通量的百分比计;

C——停车场周转率,等于 1h 除以平均停车时间。

我国高速公路沿线服务区和停车区的停车车位数规模,见表5-5。

停车车位数规模(一侧) 表5-5

停车地点	最　　大	标　　准	最　　小
服务区	250(小型200+大型50)	100(小型70+大型30)	70(小型50+大型20)
		20(小型150+大型50)	
停车区	60(小型40+大型20)	25(小型20+大型5)	15(小型10+大型5)
		40(小型30+大型10)	

(2)停车场用地布局原则

城市总体规划阶段的停车场的规划布局,直接影响到车流的控制和客流的调整,关系到城市道路系统的全局,影响甚大。总体来说,停车场的用地布局应符合以下原则:

①停车场的设置应符合城市总体规划、规划期停车数和道路交通组织的要求,大、中、小型停车场相匹配,路上停车场、路外停车场、停车楼、地下停车库相结合,形成一个合理的停车场系统。进出停车场的车辆应不妨碍道路上的交通,同时还应便于各种不同性质车辆的使用。

②各个停车场的规模,应根据城市的总停车需求量,并考虑各个停车场的服务对象、性质和用地条件等因素合理确定。

③停车场应设在停车需求最多的地方,不宜靠近干道交叉口。为了便于组织车辆右行,可在停车场周边开辟辅路,由停车场进出的车辆,通过辅路绕过交叉口或右行至交叉口,减少交

叉、便于管理。

④专用停车场应紧靠使用单位布置并与使用单位在道路的同一侧,步行距离应控制在300m以内,最长不得超过500m。公共停车场在全市应尽量均衡分布,应能覆盖城市的大部分地区。大型集会的场所,最好按分区就近布置的原则确定停车场的位置,以利于车辆在短时间内迅速疏散。

⑤应结合城市公共交通场站规划,布设不同交通方式之间的换乘停车场,以方便乘客换乘,形成合理的交通结构。

⑥对外交通服务的停车场,应在市区边缘地区易于换乘交通的位置布设,面向各对外公路,减少不必要的车辆进入市区内部。

⑦在城市繁华地区,一般空余场地较少,修建大型停车场有困难时,可根据某一范围内的停车数量,结合城市改造,分散布设几个小型停车场,建设地下停车库或停车楼。在城市的非繁华地区,按主要交通汇集点设置停车场。

⑧风景区的停车场应布设在主要入口附近,与旅游道路在同一侧,距入口不宜太近,至少相距50m,以避免人车混杂及噪声干扰;也不宜太远,最好不超过300m。

2.城市详细规划阶段的停车场规划

规模较小的停车场,其规划容量亦应考虑其服务对象、车辆到达和离去特征、高峰日吸引车次总量、平均停放时间、停车密度、停车场地周转次数、停车不均衡系数、土地利用布局等因素合理确定。我国上海、深圳、广州、南京等许多大城市都进行了相关研究,提出了各类建筑配建的停车场车位指标,表5-6给出了上海市有关标准供参考。

上海市建筑配建的停车场车位指标(部分)　　　　表5-6

项 目	单 位	机 动 车			非机动车	
		一类区域		二类区域	三类区域	内部	外部
		下限	上限	下限	下限		
办公楼	车位/每100m² 建筑面积	0.6	0.7	0.8	1.0	1.0	0.75
餐饮娱乐	车位/每100m² 建筑面积	1.5		2.0	2.5	0.5	—
零售商场	车位/每100m² 建筑面积	0.5		0.8	1.0	0.75	1.2
超级市场、批发市场	车位/每100m² 建筑面积	0.8		1.2	1.5	0.75	1.2
影(剧)院	车位/每100m² 建筑面积	0.4		0.6	0.8	3.5	7.5
展览馆	车位/每100m² 建筑面积	0.4		0.6	0.8	0.75	1.0
综合性医院	车位/每100m² 建筑面积	0.6		0.8	1.0	0.7	1.0
社区卫生服务中心	车位/每100m² 建筑面积	0.2		0.3	0.5	0.3	0.5
疗养院	车位/每100m² 建筑面积	0.4		0.6	0.8	0.3	—
中学	车位/每百位学生	1.0		1.2	1.5	—	—
小学	车位/每百位学生	1.5		1.5	1.8	—	—
幼儿园	车位/每百位学生	1.5		1.5	2.0	—	—

续上表

项目	单位	机动车				非机动车	
		一类区域		二类区域	三类区域	内部	外部
		下限	上限	下限	下限		
商品房、动迁安置房	一类（平均每户建筑面积≥140m² 或别墅） 车位/每户	1.2	1.4	1.6		0.8	0.5
	二类（90m²≤平均每户建筑面积＜140m²） 车位/每户	1.0	1.1	1.2		1.0	0.9
	三类（平均每户建筑面积＜90m²） 车位/每户	0.8	0.9	1.0		1.2	1.1
经济适用房	车位/每户	0.5	0.6	0.8		—	—
公共租赁房（成套小户型住宅）	车位/每户	0.3	0.4	0.5		—	—

注：1. 总建筑面积小于500m² 的小型商店、便利店可不配建停车位。
　　2. 对商业建筑面积无法标定的，按营业面积加30%计。
　　3. 对于一类住宅，当户均面积超过140m² 后，超过面积按1.0车位/100m² 折算车位。
　　4. 新建住宅含多种类型时，总体配建车位指标为分别按各类型住宅对应指标计算车位数后累加。
　　5. 动迁安置房配建停车位指标可经交通影响评价后适当降低，降幅宜在20%以内。
　　6. 公共租赁房（成套单人型宿舍）、廉租房配建车位指标按照公共租赁房（成套小户型住宅）配建停车位指标的50%执行。

城市详细规划阶段的停车场用地布局除应遵循城市总体规划阶段停车场用地布局规划的有关原则外，还应遵循下列原则：

（1）专用和公共建筑配建的停车场，原则上应在主体建筑用地范围之内，以方便停车场使用者。

（2）停车场内必须按不同的车型分别设置停车区，以利场地充分使用和出入方便，也利于交通组织和管理。

（3）停车场出口和入口宜分开设置，最好布置在次干道上；若必须设在主干道旁时，应尽量远离交叉口并限制左转车辆进入，避免造成入口处交通组织的混乱。由停车场驶出的车辆不宜直接驶入主干道和快速道路，以免干扰主干道和快速道路上的交通。

（4）机动车停车场的出入口应有良好的视野，保证出入口的安全视角，出入口距离人行过街天桥、地道和桥梁、隧道引道须大于50m，距离交叉口须大于80m。

（5）机动车停车场车位指标大于50个小型汽车车位时，其出入口应不少于2个，大于500个时，出入口不得少于3个，出入口之间的净距须大于10m。出入口的宽度应不小于7m，出入口的转弯半径一般不宜小于13m，出入口的纵坡一般不宜大于8%。

（6）对于机动车停车场，为保证车辆在停车坪内不会发生滑溜和场地排水的需要，停车坪的坡度一般在0.2%～0.5%之间。

（7）公共建筑配建的自行车停车场应根据服务对象性质及用地条件，采用适当分散与集中相结合的原则进行布设，一般宜布设在建筑物的出入口两侧或前后左右的场地内。

（8）自行车停车场的出入口应不少于两个，宽度应满足两辆车同时推行进出，不小于

2.5~3.5m。出入口道路纵坡应小于10%。自行车停车场的停车坪内坡度,考虑到排水和自行车不滑倒的要求,一般在0.2%~3%之间。

四、停车场设计

停车场设计主要是指路外停车场设计,停车坪是停车场的主要组成部分,而停车坪又由停车带和通道组成,因此,设计路外停车场就归结为设计停车带和通道。

1. 确定设计车型

不同的车型,其尺寸大小不同,对停车的技术要求也不同。从而决定了停车带尺寸和通道宽度的差异。我国一般将车型归类为5种,即微型汽车(包括三轮摩托车)、小型汽车、中型汽车、大型汽车、铰链车。

设计停车场时,选哪种车型为设计车型应通过调查分析确定,城市(特别是大中城市)中的停车场,一般可选用小型汽车作为设计车型,对于为公路服务的停车场,因路上主要是中型客车和货车,故可选用中型汽车作为设计车型。

2. 车辆进出车位方式和停放方式

(1)车辆进出车位方式(简称进出方式)

由于车辆进出车位的方式不同,其所需回转面积和通道的宽度也不相同。通常可分为两大类四种方式。

①前进式停车。包括:前进式进车位,后退式离车位;前进式进车位,前进式离车位。

②后退式停车。包括:后退式进车位,前进式离车位。

后退式停车由于发车迅速,占地不多,故多被采用;前进式停车虽更方便,但占地面积大,故很少被采用。

(2)车辆停放方式

车辆停放方式相对于通道来说有下面三种:

①平行式。车辆平行于通道方向停放,这种方式占用的停车带较窄,车辆进出方便、迅速,但单位长度内停放的车辆最少。在停车种类很多,未以标准车位设计或沿周边布置停车位时,可采用这种方式。

②垂直式。车辆垂直于通道方向停放。这种方式的特点是单位长度内停放的车辆最多,用地比较紧凑,但所需通道较宽,布置时可两边停车,合用中间一条通道。这种方式一般在用地整齐规则的情况下采用。

③斜列式。车辆与通道成一夹角停放,一般为30°、45°、60°三种,其特点是停车带宽度随车身长和停车角度而异;车辆停放比较灵活,对其他车辆影响较小;车辆驶进驶出方便、迅速;但单位停车面积比垂直式多,尤其是30°停放,用地最不经济,适宜于停车场地的用地宽度和地形条件受限制时。

3. 停车带和通道的宽度及单位停车面积

停车带和通道的宽度是停车场设计的主要内容,其大小与车辆尺寸、停放方式、驾驶员的技术水平有关。

(1)停车带宽度

停车带宽度除应保证后面车辆能安全出入停车位外,还应保证车门能安全开启。

①若垂直于通道方向的停车带宽度为W_V,则按三种停放方式分别计算如下:

a. 平行式停放方式。

$$W_V = L + a_1 \tag{5-11}$$

式中:L——车辆的宽度(m);

a_1——保证车辆安全出入,左右车厢之间所需的停入净距,左右车厢至停车场缘石之间的安全距离取$1/(2a_1)$,一般取1.0m,小型汽车可取0.8m。

b. 垂直式停放方式。

$$W_V = L + 2a_2 \tag{5-12}$$

式中:L——车辆的长度(m);

a_2——车头或车尾至停车场缘石之间的距离,车头或车尾至其他车辆车厢之间的安全距离取$2a_2$,一般取0.5m。

c. 斜列式停放方式。

$$W_V = (L + 2a_2)\sin\theta + \frac{1}{2}(L + a_1)\cos\theta \tag{5-13}$$

式中:θ——停车角度(°)。

②若平行于通道方向的停车带宽度为W_H,则按三种停放方式分别计算如下:

a. 平行式停放方式。

$$W_H = L + a_3 \tag{5-14}$$

式中:a_3——保证车辆安全出入,前后车之间所需的停放净距(m)。一般情况下,微型和小型汽车取2.0m,大、中型汽车和铰链车取4.0m。

b. 垂直式停放方式。

$$W_H = L + a_1 \tag{5-15}$$

c. 斜列式停放方式。

$$W_H = \frac{L + a_1}{\sin\theta} \tag{5-16}$$

(2)通道的宽度

通道是停车场平面设计的重要内容,其形式和有关参数(宽度、最长纵坡、最小转弯半径等)宜结合实际情况正确选用。

我国目前设计采用的通道宽度:垂直式取10~12m,平行式取4.5m左右,该宽度尚显得不够。

(3)单位停车面积

单位停车面积是指停放一辆汽车所需要的用地面积,其大小与车型(车辆尺寸)、停放方式、通道条数等有关。设计停车场时,按使用和管理要求,预估停车数量、车型、停放方式,以此确定停车面积。

4. 停车场通道(包括出入口)的几何要素设计

为保证车辆在停车场的出入口和通道上行驶的安全,根据汽车行驶理论、动力特性理论和车辆性能,确定停车场出入口和通道的最小平曲线半径及最大纵坡。关于出入口的宽度,微型和小型汽车为7m,其他车型可适当增加,通道宽度不小于相关标准所列值。

5. 停车场内的交通组织

停车场内是车流和人流集中混杂的场所,停车场的设置对附近交通又有直接影响,因此,必须对停车场的交通组织进行详尽的设计。这里仅介绍一些交通组织的原则问题,具体设计应视停车场的规模、车流量、人流量和用地条件、地形等而定。

(1) 停车场内设施的关系

停车场内各设施设置原则上应使人和车分隔,不仅在平面上需要分隔,如有可能,最好在立面上也布置在不同的高度上,避免人与车的流动交叉,保证行人安全。

(2) 停车场内的交通线路与车辆排列方式

车辆布置方式与人流路线有很大关系,为了减少人与车的流动交叉,一般垂直式和平行式停车方式常按纵向排列,斜列式停车方式常按横向排列。

停车场内交通路线一般应按单向行驶组织交通,使车辆右转驶入并右转驶出,避免或尽量减少产生车辆的交叉冲突。

入口处应设置明显的行驶方向标志和停车位置指示牌。

场内路面应有明显的停车标志和行车方向标志,便于驾驶员停车入位,这些标志可用彩色混凝土块铺装,或在路面上用白漆或其他材料画线等。

6. 停车场的竖向设计

停车场的竖向设计应根据场地大小、地形条件、建筑物的高程和各种地下管线情况,综合考虑确定。一般应注意以下几点:

(1) 场内地坪高程低于建筑物的地面高程,坡向向外。

(2) 场内设有隔离带并附有排水设施时,应将雨水口设在隔离带旁,坡向隔离带;场内无隔离带或有隔离带但无排水设施时,场内坡度应由建筑向外方向排水。

(3) 场地设计按范围大小、形状不同,可采用单向坡、双向坡、不规则斜坡。对于修理、维护汽车的场地,可根据需要设置折线形纵坡,以利迅速排除地面水,防止冬季冰冻。

(4) 关于场内排水,在城市内应采用地下水管排水,在城市外可采用边沟排水。

(5) 场内坡度要求平缓,坡度太大时易溜车。按红旗牌轿车不使用驻车制动试验,不发生溜滑现象的临界坡度为0.5%(实际上按交通规则规定,在坡道停车时必须拉起驻车制动手柄)。因此,对于城市或平原地区的停车场,与停车车身方向相平行的场面坡度不宜大于0.5%。

对于丘陵地区的停车场,最大坡度不宜大于0.8%。当坡度过大时,可考虑变换停车方向,即可将停车方向(车身方向)与场面坡向垂直布置。

模块五 地面公交站与线路设计

一、地面公交车站设计

地面公交在此特指地面常规公交汽车。根据服务对象与服务功能不同,地面公交车站可分为中途停靠站、首末站、枢纽站等。

1. 中途停靠站

(1)布设形式

公共交通中途停靠站的布置形式,按几何形状分为直线式停靠站和港湾式停靠站两种。

直线式停靠站是传统的公共交通停靠站设置方式,它直接将公共交通停车区设置在机动车道或非机动车道上,用站牌确定停站位置,也可以采用标线划定停靠站位。为保证公共交通车辆进出站便利,可在车站前后方设禁停标线。直线式公共交通停靠站,如果上下行两站点间的距离太近,容易出现"公交列车化"情况,使得道路通行能力大大缩小,所以直线式公共交通停靠站一般上下行错开,但不宜超过50m。

港湾式停靠站是指在公共交通停靠站处将道路适当拓宽,将公共交通车辆的停靠位置设置在正常行驶的车道之外,以减少公共交通车辆停靠时形成的交通瓶颈对其他车辆的影响,保证路段车辆的正常运行。港湾式公共交通停靠站的一般几何尺寸见图5-12。

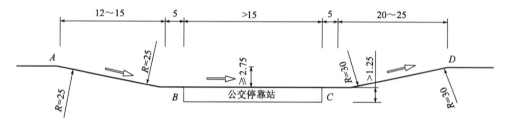

图5-12 港湾式公共交通停靠站的设计尺寸(尺寸单位:m)

新建道路时,公共交通停靠站车道宽度为3.0m;道路改建或治理时,受条件限制公共交通停靠站最窄不得小于2.75m;相邻通行车道宽度不应小于3.25m;人行道宽度确有多余时,可压缩人行道设置公共交通停靠站,人行道的剩余宽度应保证大于行人交通正常通行所需的宽度,最小宽度不宜小于2.50m,必要时可在停靠站局部范围内后退道路红线。公交停靠站候车站台的高度宜取15~20cm;站台的宽度应取2.0m,改建及治理受条件限制时,最小宽度不应小于1.25m。为区分公共交通停靠站的停车范围,在公共交通停靠站车道与相邻通行车道间,按《道路交通标志标线》(GB 5768—2009)的要求设置专用标线。一辆公共交通车辆停车长度以15~20m为准,多辆公共交通车停靠的站台长度可按式(5-17)确定:

$$L_b = n(l_b + 2.5) \tag{5-17}$$

式中:L_b——公共交通停靠站站台长度(m);

n——公共交通停靠站同时停靠的公共交通车辆数;

l_b——公共交通车辆长度(m)。

(2)布设位置

公共交通中途停靠站的设置类型及规模应满足公共交通线路路网规划的要求,同时应充分考虑道路性质、沿线两侧用地性质、换乘便利性、邻近路段和交叉口交通状况及用地条件等的约束。公共交通中途停靠站的间距应符合表5-7的要求。同向换乘距离应不大于50m,异向换乘距离应不大于100m。

公共交通中途停靠站间距(m)　　　　　　　　　表5-7

公共交通车辆	市 区 线	郊 区 线
公共汽车与电车	500~800	800~1000
公共汽车大站快车	1500~2000	1500~2500

在公共交通出行的起点和终点,乘客一般通过步行或者骑自行车到达或离开公共交通系统,公共交通停靠站的设置应使乘客步行和骑行时间最短。目前公共交通车站一般布置在交叉口出口道、交叉口进口道或路段中间三种位置,其优缺点见表5-8。

三种位置车站的优缺点　　　　　　　　　表5-8

车站位置	优 点	缺 点
交叉口出口道	(1)有利于乘客过街安全及公共交通进出站; (2)公共交通线路为左转时,停靠站布设在相交道路的出口道,可避免由左转公共交通变道对进口道机动车辆带来的干扰; (3)高峰期间进口道右转机动车流量较大时,布设在出口道的停靠站可避免由于公交车辆的频繁停靠对进口道右转机动车辆的影响; (4)易于与绿波控制相协调	存在车辆排队进站时,排队车辆如果延伸至交叉口,易使交叉口拥堵
交叉口进口道	(1)乘客可利用信号控制的红灯时间完成上、下车; (2)与公共交通信号优先控制相协调(需设公共交通专用进口道)	(1)多数乘客从车辆前方过街,不利于乘客过街安全,也不利于公交车辆顺利进出站; (2)在与交叉口距离相同的条件下,布设在进口道的公共交通停靠站对交叉口的影响要大于出口道; (3)左转公交车变道会对进口道机动车辆带来较大干扰; (4)高峰期间进口道右转机动车流量比较大时,公交车辆的频繁停靠对右转机动车辆的影响较大
路段中间	(1)车辆和行人的视距问题最小; (2)车站等候上车乘客的步行交通拥挤程度减轻	(1)鼓励乘客过街(乱穿马路); (2)增加过街距离(需绕至交叉口过街)

三种位置的公共交通停靠站的适用情形如下:

①路段中间公共交通停靠站适用于路段中央有公共交通客源点和交叉口附近缺乏布设车站的空间位置的情况。

②优先考虑在交叉口出口道设置公共交通站点的情况有:

a. 交叉口进口道存在视距问题。

b. 机非混行的道路,公交车辆频繁使用右侧非机动车道;机非分隔道路或机动车专用道路,且右侧机动车道不是公共交通专用道,机动车高峰期间,公交车辆频繁使用外侧机动车道。

c. 机动车高峰期间上游右转车流量超过 250 辆/h。

d. 公交车为左转的情况。

公共交通停靠站设置在交叉口出口道时,离开(对向进口道)停车线距离按如下原则确定:

a. 无信号灯控制交叉口,停靠站必须在视距三角形外(包括车站内同时停放的最大车辆数)。

b. 下游右侧拓宽增加车道时,应设在右侧车道分岔点向前至少 15~20m 处。

c. 在新建交叉口,且非港湾停靠站的条件下,按道路等级:主干道上距停车线至少 80m,次干道距停车线至少 50m,支路至少 30m。

③优先考虑在交叉口进口道设置公共交通站点的情况:

a. 公共交通车流量大,车辆停靠不产生冲突与危险。

b. 右转车道公交车辆占主要比例。

公共交通停靠站设置在交叉口进口道时,离开停车线距离按如下原则确定:

a. 外侧为拓宽增加的车道时,停靠站应设在该车道分岔点之后至少 15~20m 处,并将拓宽车道加上公共交通站台长度后作一体化设计。

b. 外侧无拓宽增加车道时,停靠站位置应在外侧车道最大排队长度的基础上再加 15~20m 处,停靠站长度另外确定。

c. 当新建交叉口,且非港湾停靠站情况,公共交通停靠站与停车线的距离可按道路等级确定,主干道上距停车线至少 100m,次干道至少 70m,支路至少 50m。

(3)港湾式公共交通停靠站的类型

港湾式公共交通停靠站,根据不同的道路用地条件可以采取如下几种不同的形式。

①沿人行道设置港湾式公共交通停靠站,如图 5-13 所示。

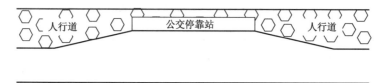

图 5-13　沿人行道设置港湾式停靠站

②利用人行道多余宽度在机动车道与非机动车道间设置港湾式公共交通停靠站,如图 5-14 所示。

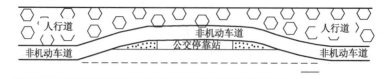

图 5-14　在机动车道与非机动车道间设置港湾式停靠站

③沿机非分隔带设置公共交通停靠站,在分隔带宽度大于或等于 4m 时,港湾式停靠站设置方法如图 5-15 所示;在分隔带宽度小于 4m 而人行道有多余宽度时,港湾式停靠站设置方法如图 5-16 所示。

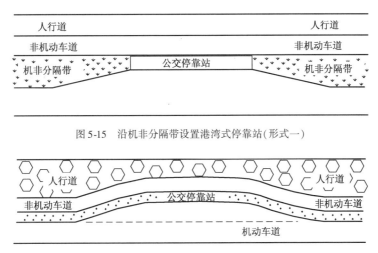

图 5-15　沿机非分隔带设置港湾式停靠站(形式一)

图 5-16　沿机非分隔带设置港湾式停靠站(形式二)

2. 首末站

公共交通首末站是公共交通线路的起点和终点站。首末站是线路的主要控制点,也是与其他线路的交汇点,因此首末站的位置和规模关系到乘客出行是否方便,影响到公共交通运输效益和线路调整,在整个公共交通网络中具有举足轻重的地位。

(1)公共交通首末站选址及布置原则

①在城市总体规划中,城市道路网的建设与发展应根据城市公共交通发展的需要和规划,优先考虑首末站的设置,使其选择在紧靠客流集散点和道路客流主要方向的同侧。尽量使首末站与各交通区间主要客流 OD 点重合,避免两端短距离换乘。

②首末站一般设置在周围有一定空地,道路使用面积较富裕而人口又比较集中的居住区、商业区或文体中心附近,使一般乘客都在以该站为中心的 350m 半径范围内,其最远的乘客应在 700~800m 半径范围内。在缺乏空地的地方,城市规划部门应据此要求利用建筑物优先安排设站。

③大型公共交通首末站沿重要主干道一侧附近布设时,出入口应分开设置;不同流向、多线路集中的大型首末站,宜将停车坪、候车廊予以分开并各有其出入通道,同时辅以导引标志以免人流、车流冲突干扰。平面交叉口附近不宜设置首末站。

(2)公共交通首末站的规模

公共交通首末站的规模按该线路所配营运车辆总数来确定。一般配车总数(折算为标准车)大于 50 辆的为大型站;26~50 辆的为中型站;小于或等于 25 辆的为小型站。公共交通首末站应配置休息室、停靠泊位、候车站台、行车道(回车道)、蓄车位和绿化面积,其建设规模根据所服务的车辆数确定,用地面积可按每车 90~100m² 控制。末站可仅为公交车辆提供掉头服务,首站则可提供掉头、停放、上客以及乘客候车等多种服务。

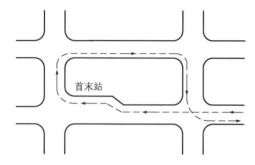

图5-17 路边式公共交通首末站交通组织方案

(3) 公共交通首末站的类型

公共交通首末站根据设置位置的不同可以分为路边式首末站和路外式首末站两种类型。

①当公共交通线路及车辆数较少时,可沿次干路或支路路边设置公共交通首末站,为避免公交车辆直接左转出站,可以利用周围路网组织"右进右出",如图5-17所示。

②当公共交通线路及车辆数较多时,需设置路外式公共交通首末站,路外式公共交通首末站按照公交车辆停靠泊位设置方式的不同,可分为倾斜式泊位、非倾斜式泊位、锯齿形泊位等不同的停靠形式,如图5-18所示。

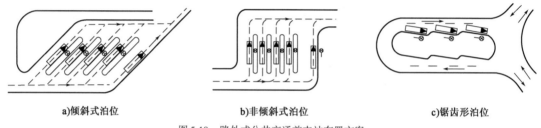

a) 倾斜式泊位　　　　b) 非倾斜式泊位　　　　c) 锯齿形泊位

图5-18 路外式公共交通首末站布置方案

3. 枢纽站

枢纽站是指将不同方向的多条公交线路衔接在一个换乘区域内,或者将局部区域的多种交通方式相衔接的立体换乘车站。

公共交通枢纽站一般都有多条公交线路汇集于此,并且客流量相对密集,乘客可以在枢纽站内换乘各条线路。三条以上公共交通线路的首末站或与其他重要交通设施的交汇处应设成公共交通枢纽站。枢纽站的位置一般位于铁路客运站以及轨道交通线路交汇点附近或者是主要客运走廊的交汇点。火车客运站、长途客运站、客运码头、大型居住区、市区内客流中心、大型商场、公园、体育馆、剧院等地适合设枢纽站。

枢纽站一般应设在干道一侧或另辟专用场地,暂时还未达到设置枢纽站规模的,应在场站位置和用地面积上做预留处理。枢纽站的建设必须统一规划设计,其总平面布置应确保车辆按路线分道有序行驶;在电、汽车都有的枢纽站,应特别布置好电车的避让线网和越车通道。枢纽站一般应设公共厕所和自行车停放设施。枢纽站每辆标准车用地标准与首末站相同,夜间可停放60%营运车辆,同样还需配备调度、办公等设施用地。

二、地面公交专用道设计

1. 设置目标与设置条件

公共交通专用车道系统的规划设计要达到以下目标:

①提高公共交通运输效率,包括优化公共交通系统层次、服务于多样化的出行需求;提高运行速度、减少延误、提高准点率、提高舒适度等改善地面常规公共交通服务水平的需求。

②提高地面公共交通相对于其他交通方式的出行吸引力,提高公共交通的出行比例,缓解机动车交通需求的快速增长,促成合理的交通结构。

③提高已有道路资源的利用率,使既有的交通供给能力能满足更大的交通出行需求。

④减少交通系统的环境污染,以适应城市可持续发展。

⑤在改善公共交通服务水平的同时,尽量降低对非公共交通车辆运行状况的影响。

《公交专用车道设置》(GA/T 507—2004)中,对公共交通专用道设置条件作了如下规定:

①城市主干道满足下列全部条件时应设置公共交通专用车道:

a. 路段单向机动车道 3 车道以上(含 3 车道),或单向机动车道路幅总宽不小于 11m。

b. 路段单向公共交通客运量大于 6000 人次/高峰小时,或公共交通车流量大于 150 辆/高峰小时。

c. 路段平均每车道断面流量大于 500 辆/高峰小时。

②城市主干道满足下列条件之一时宜设置公共交通专用车道:

a. 路段单向机动车道 4 车道以上(含 4 车道),断面单向公共交通车流量大于 90 辆/高峰小时。

b. 路段单向机动车道 3 车道,单向公共交通客运量大于 4000 人次/高峰小时,且公共交通车流量大于 100 辆/高峰小时。

c. 路段单向机动车道 2 车道,单向公共交通客运量大于 6000 人次/高峰小时,且公共交通车流量大于 150 辆/高峰小时。

2. 在路段上的设置方式

(1)公共交通专用车道的类型

根据公共交通专用车道在道路横断面布置位置的不同,可把公共交通专用车道分为路缘式和路中式两种形式。

路缘式公共交通专用车道将外侧车道或次外侧车道供公共汽车行驶,一块板道路最外侧为非机动车道,公共交通专用车道只能设置在靠近非机动车道的外侧车道上,这时容易受机动车右转、出租汽车上下客、路边违法停车等影响,一般较难超过 18km/h 的运行速度。公共交通停靠站需要占用或穿越非机动车道设置,对专用车道运行干扰较大,如图 5-19 所示。三块板断面上,路缘式公共交通专用车道位于机非分隔带外侧,公交停靠站设置在机非分隔带上,为了避免公交车停靠时影响公交专用车道的通行,可以通过压缩非机动车道或人行道宽度的方法设置港湾式公交停靠站,如图 5-20 所示。

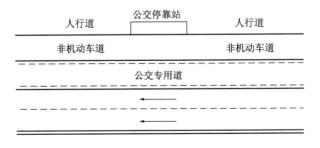

图 5-19 单幅路(一块板)断面公共交通专用道设置

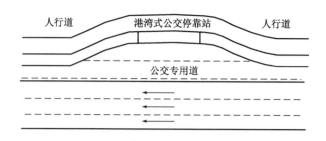

图 5-20 三幅路(三块板)断面公共交通专用道设置

路中式公共交通专用车道设在道路中央,但需设置专用的路中车站,甚至可能需要对公共交通车辆的车门位置提出特殊要求(左开门)。由于中央车道为道路快车道,并且减少了与路侧交通的冲突,一般情况下路中式专用车道的运行速度较高、服务稳定性好。

在无中央分隔带的路段上,路中式公共交通专用车道最常用的布置形式如图 5-21a)所示,车站布置在专用道的右侧,在车站处对道路进行拓宽。公共交通车站无超车道时,要求在公共交通车站处道路横向拓宽至少 2m,纵向拓宽两个车站的长度。在有中央分隔带的路段上,路中式公共交通专用车道最常用的布置形式如图 5-21b)所示,在车站处将中央分隔带拆开,错位布置车站,便于公共交通车辆右侧开门。中央分隔带在车站处宽度在 2m 以上。

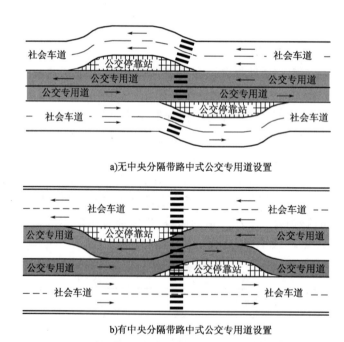

a)无中央分隔带路中式公交专用道设置

b)有中央分隔带路中式公交专用道设置

图 5-21 无中央分隔带和有中央分隔带时公交专用道设置示例

(2)公共交通专用车道的适用条件

路缘式与路中式两种公共交通专用车道的优缺点及适用条件见表 5-9。

公共交通专用车道不同设置类型的优缺点及适用条件　　　表 5-9

设置类型	优　点	缺　点	适 用 条 件
路缘式	对路幅要求低,投资少;易于实施,乘客上下车条件好	其他社会车辆的路侧活动和路边停车受限制;横向干扰大,速度较低;直行公交受其他右转车辆影响	右转或直行公共交通车流量较大,且机动车道与非机动车道之间有实物分隔,路侧机动车进出口较少的情况
路中式	独立性好,横向干扰少;易于信号优先控制;利于公交左转	对路幅要求较高;对中央分隔带有要求	左转或直行公共交通车流量较大的情况,且道路中间最好有 2m 以上宽度的实物分隔带(如绿化带),以方便将公共交通站台设置在道路中间

(3) 公共交通专用车道的隔离方式

公共交通专用车道的隔离方式主要有硬隔离和软隔离两类。

硬隔离通过在道路上增加车道隔离设施严格分离公共交通车辆与其他车辆的行驶空间,可在道路上通过使用侧石、道钉、栅栏的方法进行隔离;还可利用公共交通车辆底盘比小汽车高的特点,在专用道进口处设置障碍,阻止小汽车驶入。

软隔离则通过标志、标线等交通管理手段,保证公共交通车辆的专用路权。公共交通专用车道线由黄色虚线及白色文字组成,表示除公共交通车辆外,其他车辆及行人不得进入该车道。黄色虚线的线段长和间隔均为 400cm,线宽为 20cm 或 25cm,标写的文字为公共交通专用或快速公交(Bus Rapid Transit,BRT)专用。如该车道为分时专用车道,可在文字下加标公共交通车辆专用的时间,公共交通专用车道线从起点开始施画,每经过一个交叉口重复出现一次字符,如交叉口间隔距离较长,也可在中间适当地点增加施画字符。公共交通专用车道与非机动车道邻近设置,且无机非分隔带时,应配合设置机非分道线,公共交通专用车道线应与公共交通专用车道标志配合设置。

3. 在交叉口进出口道的处理

(1) 进口道布置

公共交通专用车道在交叉口进口道有设置回授线和将路段上专用车道延伸至进口道两种处理方式。

设置回授线即将路段公共交通专用车道在进口道停车线前终止,从终止处至进口道停车线之间的距离称为"回授距离"或"到授线",当右转机动车流流量不大时,公共交通专用车道设置至进口道右转车道末端,如图 5-22 所示,其中交织段长度宜大于 40m。若右转车受信号控制时,进口道右转车道的长度应不小于右转车的最大排队长度加上右转车过渡到右转车道的长度。在没有流量资料的情况下,进口道右转车道的长度应大于 50m。

当无右转机动车交通流,或另设右转专用车道时,公共交通专用车道可直接延伸至交叉口停车线处。当右转交通量较大并且路段长度足以使右转车辆与公共交通车辆交织变车道时,可以在交叉口进口道区域进行车道的临时变位,即将公共交通专用车道向道路内侧偏移一个车道,为右转车留出一个车道,如图 5-23 所示。

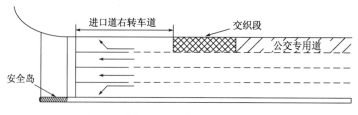

图 5-22 公共交通专用车道与右转车道结合

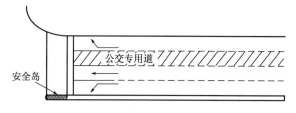

图 5-23 设置在右转专用车道左侧的公共交通专用进口道

为了减少公共交通专用进口道上公交车辆的排队长度,降低公交车辆通过交叉口时的延误,可把交叉口进口道设置成锯齿形(分为全部锯齿形和部分锯齿形),即为公共交通车辆配备多个进口道,这意味着必须在交叉口进口道的通行区域内设置两条停车线,这样,其他社会车辆在红灯期间只能停在后一条停车线上,如图 5-24 所示。锯齿形进口道所占用的车道数应由红灯期间到达的公共交通车辆数、其他各车道到达的社会车辆数以及路段长度来决定。

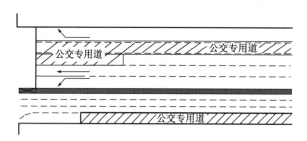

图 5-24 锯齿形公共交通进口道

当公共交通专用车道设置在外侧且相邻交叉口间距无法满足右转车辆与公交车交织段长度要求时,可按图 5-25 所示的方法设置公共交通专用车道和右转专用车道。由于公共交通专用进口道为直行,与道路中央的右转进口道有冲突,需设置一专用右转相位,有时甚至要设置车道信号灯,以消除公共交通车辆直行与社会车辆右转之间的冲突。当公共交通专用车道设置在道路内侧时,可在进口道设公共交通站点,如图 5-26 所示。

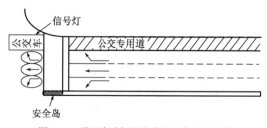 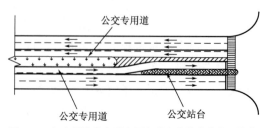

图 5-25 设置在路侧的公共交通专用进口道　　图 5-26 与内侧公共交通专用车道配合的公共交通站点

(2)适用条件

公共交通专用进口道两种处理方式的优缺点及适用性见表5-10。

公共交通专用进口道处理方式与适用性　　　　表5-10

布置形式	优　点	缺　点	适用情况
公共交通专用车道延伸至进口道	可大大减少公共交通车辆延误;方便设置公共交通优先信号	占用较多道路资源;右转车与公共交通车辆会有交织;若设置不合理会导致公共交通专用车道得不到充分利用	专用道沿外侧机动车道设置;该进口道右转社会车辆少或另设有右转专用车道或箭头灯;专用道设置在路中间;进口道有足够车道供其他车辆使用;公共交通车流量大
设回授线	不会造成社会车辆延误大,各流向车辆与公共交通车辆交织不严重	公共交通车辆在交叉口的优先未充分体现	进口道不多,社会车辆流量大,又无条件拓出车道;右转流量大,但无条件设右转专用车道和专用相位

(3)在出口道处的处理

出口道公共交通专用车道的起点离开对侧进口道停车线延长线的距离l_r(图5-27),应大于相交道路进口道驶入的右转车辆变换车道所需的距离,一般取30~50m;交织段长度宜取40m。

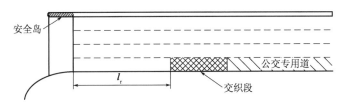

图5-27　与内侧公共交通专用车道配合的公共交通站点

技能训练

任务1:城市道路平面交叉口设计

一、训练目标

(1)理解城市道路平面交叉口设计的相关概念。
(2)了解平面交叉口进、出口道和交通岛设计注意要点。
(3)对进口道车道数、宽度及长度进行设计。

二、实训方法

1.教师讲解

结合本单元所讲的知识点,对本次实训的主要内容、实训要求进行必要的讲解。重点介绍城市道路平面交叉口的进、出口道和诱导线、交通岛设计时需要遵循的相关国家、行业标准与规范,要求同学们对设计中所用到的关键技术指标亲自进行查阅和分析。

2. 学生实训

(1)实训分组:建议分组实训,每组至少2人。
(2)领取素材:以小组为单位领取实训素材。
(3)项目实训:
①进口、出口车道数、宽度及长度等参数的设计。
②利用 AutoCAD 软件设计绘制平面交叉口平面图。

三、任务清单

每个小组提交1份《城市道路平面交叉口设计图》。

四、注意事项

(1)充分观测实际路口的构成。
(2)充分认识平面交叉口设计的相关标准。
(3)熟悉 AutoCAD 软件的使用。

任务2:校园内小型停车场及停车位设计

一、训练目标

(1)理解停车场规划与停车场设计的相关概念与知识。
(2)理解停车场现状调查工作流程及停车需求预测方法。
(3)会查阅城市停车场设计相关规范并解读相关技术指标。
(4)会使用 AutoCAD 软件绘制停车场(位)主要设计图。

二、实训方法

1. 教师讲解

结合本单元所讲的知识点,对本次实训的主要内容、实训要求进行必要的讲解。重点介绍校园内停车规划需求预测方法,停车场规划选址思路,停车场现状调查及制图方法,停车场与停车位设计时所涉及的相关规范的查阅与使用。最后结合本专业基础课程(工程制图、CAD等),简要介绍 AutoCAD 软件的使用及制图要求。

2. 学生实训

(1)实训分组:本次实训内容涉及现场调查、记录及制图等环节,建议分组实训,每组至少2人,最多不超过3人/组。
(2)领取素材:以小组为单位领取实训调查设备及交通调查服。

(3)项目实训：
①对规划停车场所在区域的现状进行调查，手工绘制区域平面示意图。
②参考《停车场规划设计规则》要求，设计确定停车场的关键技术指标。
③参考《停车场规划设计规则》要求，分析所在区域停车需求，设计停车场的规模、停车场内交通组织方案、停车场进出口设置、停车位的数量及停车位样式。在此基础上完成停车场、停车位的设计。
④利用 AutoCAD 软件完成停车场、停车位的设计制图。

三、任务清单

每个小组提交以下五项成果：
(1)停车场所在区域现状平面图(手工绘制,1份)。
(2)停车场平面设计图(AutoCAD 格式,1份)。
(3)三种停车位平面设计图(AutoCAD 格式,1份)。
(4)停车位横断面设计图(AutoCAD 格式,1份)。
(5)停车位纵断面设计图(AutoCAD 格式,1份)。

四、注意事项

(1)各小组根据停车需要预测的停车场规划用地范围进行认真选址，同时注意户外调查时的人身安全。
(2)在对规划停车场的现状进行调查时，要准确测量尺寸并完整反映现状地物分布情况。
(3)在绘制停车场、停车位设计图时，要求充分标注尺寸并进行必要说明。

任务3:城市地面公交站与专用道设计思维导图

一、训练目标

(1)了解不同公交站布设位置优缺点和适用情形。
(2)理解公共交通专用车道系统的规划设计目标。
(3)会查阅公交专用车道设置的相关规范并解读相关技术指标。
(4)进一步掌握思维导图软件(如 XMind、MindMaster、百度脑图)的使用方法

二、实训方法

1. 教师讲解

结合本单元所讲的知识点，对本次实训的主要内容、实训要求进行必要的讲解。重点介绍地面公交车站设计和地面公交专用道设计，讲解公交专用车道设置相关规范的查阅与使用。

2. 学生实训

(1)实训分组:建议分组实训，每组最多2人。

（2）思维导图绘制：结合教材相关内容，同时查阅国内外文献资料，分别从城市地面公交站、城市地面公交专用道两条主线，梳理国内外城市地面公交站和公交专用道设计的思路、代表性成果、应用现状及优缺点，据此绘制思维导图。

三、任务清单

每个小组提交1份《城市地面公交站与专用道设计思维导图》。

四、注意事项

（1）各小组成员要分工协作，明确工作任务。
（2）要充分利用互联网资料，调查收集城市地面公交站及公交专用道设计典型案例。

 思考练习

1. 简要描述道路交通设计的基本工作流程。
2. 城市道路横断面分为哪几种类型？各有哪些特点？
3. 城市停车场设计需要考虑哪些主要影响因素？
4. 城市地面公交站点设计需要考虑哪些主要影响因素？

单元六

交通影响分析与评价

学习目标

1. 了解实施交通影响评价的背景及历史沿革;
2. 理解交通影响评价的主要内容及工作流程;
3. 掌握交通影响评价中交通调查的相关知识;
4. 理解交通影响评价的基本方法和输出成果。

能力目标

1. 能阐述交通影响评价诞生的背景及国内外应用现状;
2. 能描述目前国内交通影响评价项目实施工作流程;
3. 能结合交通影响评价调查对评价区域现状进行分析;
4. 能结合交通影响评价提出自己的改善思路或具体措施。

素质目标

1. 由交通影响评价体会"人类命运共同体"的理念;
2. 由交通影响评价体会"实践是检验真理的唯一标准"。

相关知识

交通影响分析与评价又被简称为交通影响评价,是当前国内外交通工程项目实施需要开展的一项重要工作,具有较强的政策属性。由于其评价手段主要采用交通规划技术中的四阶段法,因此又具有很强的技术属性,属于交通工程技术领域的交叉应用内容。本单元将简要介绍交通影响评价的启动条件、工作流程与实现方法。

模块一　交通影响评价认知

一、交通影响评价的背景及目的

交通影响评价最早源于美国，产生背景与美国对基础设施的投资政策息息相关。20世纪40~50年代，美国主要的交通基础设施由地方政府承担，而配套设施由开发商承担，或由开发商提供土地或与土地价值相当的资金来负担，这种政策客观上导致了无序的开发。到20世纪80年代中后期，通过大量的理论研究和实践，逐渐形成了通过缴纳交通影响费来分担基础设施建设费用的政策。其基本思想就是通过对新的开发项目进行交通影响评价，通过预测项目完成后交通环境的变化，来确定是否由开发商负担与开发产生影响相当的交通设施建设费用，或让开发商将开发计划修改使其影响降到最低。

在我国，2001年10月，北京市率先推广了建设项目交通影响评价工作。目前，我国许多大中城市都开展了交通影响评价工作，如深圳、上海、广州、成都、宁波等。当新的土地开发（或原有的土地使用性质发生变化）及重大建筑项目完成后，由此开发所诱增的交通需求，会使该开发项目周围地区的交通设施乃至整个路网的服务水平下降。同时，一旦开发项目中交通设计存在缺陷，容易导致交通组织不顺畅、停车困难、存在交通事故隐患等问题。定量分析这些项目的交通影响并提出交通改善措施，具有重要的现实意义。

交通影响评价是指运用交通工程学的理论知识，通过定性与定量分析相结合的手段，评估新建项目或城市土地利用变更对交通的综合影响。其目的是：研究评估建设项目建成投入使用后，新增的交通需求对周围交通环境产生影响的程度和范围。如果影响在容许限度内，则应提出具体的应对方案，使周边的交通状况不恶化；如果影响超出容许限度又没有合适的应对方案，则应提出重新审视该项目指标的建议。

二、交通影响评价的分类及作用

1. 交通影响评价分类

从项目建设实施顺序分类，交通影响评价大致可分为规划阶段的交通影响评价（简称规划阶段交评）和项目阶段的交通影响评价（简称项目阶段交评）两类。

规划阶段交评是指在土地出让前拟定规划设计条件、大型项目选址等阶段的交通影响评价。规划阶段交评的咨询报告和审查意见，是确定地块交通控制条件和相关改善措施，以及拟定地块规划设计条件的依据之一。主管部门根据具体情况，可将与地块关联密切的交通设施建设任务纳入地块出让条件之内。

项目阶段交评是指在土地出让后项目方案阶段的交通影响评价。项目阶段交评还包括市政项目施工期交评，即市政项目施工期间对城市交通有重大影响的市政、交通工程项目的交通影响评价。项目阶段交评应与项目方案同步进行，其报告结论和审查意见应在项目审批时予以考虑。

2. 各类交通影响评价的任务与作用

规划阶段交评的任务与作用：根据地块规划指标，评估项目新增交通量对对象范围各交通设施的影响，研究提出具体的应对方案并明确相关设施建设的责任主体，将涉及地块指标事项纳入规划条件。

项目阶段交评的任务与作用：对需要开展项目阶段交评的项目，根据项目的总评方案，评估项目新增交通量对对象范围各交通设施的影响，提出完善意见，并纳入规划管理。

市政项目施工期交评的任务与作用：施工期对区域交通有重大影响的市政交通项目，对施工期间交通管理措施进行分析评估，制定合理的交通组织方案。

三、交通影响评价的基本依据

（1）相关的标准和规范[《建设项目交通影响评价技术标准》（CJJ/T 141—2010）]。
（2）该开发或建设项目的规划或设计方案。
（3）影响范围内的其他开发或建设项目的规划或设计方案。
（4）上层次相关规划。
（5）影响范围内交通基础设施现状基础资料。
（6）影响范围内的道路交通运行状况数据。

四、交通影响评价启动条件

1. 规划阶段交评启动阈值

《建设项目交通影响评价技术标准》（CJJ/T 141—2010）根据不同地域范围确定不同性质的开发项目阈值（表6-1）。国内各城市在交通影响评价实际操作中有的采用该标准，有的则在此标准基础上结合本地实际情况制定了地方标准（表6-2）。在交通影响评价的具体编制中，一般以当地所采用的标准为准。规模超过启动阈值5倍以上的，建议在项目选址阶段就启动交通影响评价论证。

开发项目阈值[《建设项目交通影响评价技术标准》（CJJ/T 141—2010）]　　表6-1

项目类型	区位	（拟建）建筑面积（万 m²）	
		大型公建类	居住类
1. 住宅及大型公建项目	核心区内（内环以内）	≥2	≥5
	中心城（外环以内）和边缘集团重点地区	≥5	≥10
	市域范围内其他区域	≥10	≥20
2. 交通枢纽、大型停车场等城市交通设施项目			
3. 上述公建和城市交通设施项目的改建扩建项目			
4. 其他需要进行交通影响评价的项目			

居住、商业、服务、办公类建设项目交评启动阈值(成都市,2011)　　表 6-2

区位		用地面积(万 m²)①		设项目的商业建筑面积(万 m²)②
区域	范围	居住用地	商业、服务办公等用地	
第一区	中心城区三环路内及红星路南延线、天府二街、剑南大道、三环路围合区域	≥5	≥1	≥3
第二区	中心城区三环至外环区域(不包括198地区)、区(市)县城区	≥7	≥1.5	≥4.5
第三区	中心城198地区、区(市)县其他地区	≥10	≥3	≥9

注:1. 符合表中①、②任意一项应启动交通影响评价。
　　2. ②中"该项目的商业建筑面积"主要针对居住用地兼容商业的建设项目;有建筑设计方案时按商业总建筑面积计算,无建筑设计方案时按用地面积×容积率×商业兼容比例计算。

2. 项目阶段交评启动要求

(1)需在城市主干道及以上道路一侧增加开口的项目。
(2)对规划阶段交评结论提出调整申请的项目。
(3)施工期间对城市交通有重大影响的市政、交通工程项目等。
(4)其他规划要求开展项目阶段交评的项目。

五、交通影响评价的实施流程

委托单位:土地(项目)业主委托。其中,规划阶段交评由土地出让方负责委托,项目阶段交评由项目业主负责委托。

编制单位:具有城市规划或工程咨询等相关资质的咨询单位。

审查:规划阶段及建筑项目交评由规划行政管理部门负责组织审查;市政交通项目施工期交通影响评价由公安交通行政管理部门负责组织审查。

成果使用(实施管理):审定的交评所提出的交通改善措施,纳入规划条件,明确责任和要求。交通影响评价的实施流程如图 6-1 所示。

六、交通影响评价的编制流程

交通影响评价的编制流程(图 6-1)如下:
第一步:确定交通影响评价的范围与年限;
第二步:相关调查和资料收集;
第三步:评价范围内现状、规划的土地利用与交通系统分析;
第四步:交通需求预测;

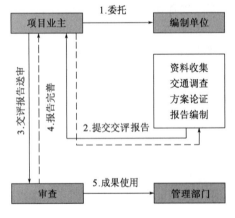

图 6-1　交通影响评价的实施流程图

第五步:建设项目新生成交通量的影响程度评价;
第六步:提出项目建设方案、评价范围内交通系统的改善措施;
第七步:提出评价结论。

模块二　交通影响评价数据调查

准确翔实的基础数据是交通影响评价的重要依据,其主要来源于现状调查及资料收集。基础数据调查与分析主要包括土地利用现状与规划、道路交通基础设施现状与规划、道路交通系统运行状况调查、交通运行特征与问题分析等方面。

一、土地利用现状与规划

1. 基地土地利用情况

基地土地利用情况包括基地所在区位、基地的主要建筑技术指标及方案。区位即所在区域和位置,交通与经济区位直接决定了基地周边的出行状况、发展趋势和出行方式组成。主要建筑技术指标包括用地性质、用地面积、总建筑面积、建筑层数、建筑密度、容积率、配建停车位等,规划图纸包括建筑总平面图以及其他建筑规划图纸,这些是今后进行项目交通量预测和项目内外交通组织的必要条件。

2. 影响范围现状用地和在建及拟建项目资料

影响范围现状用地和在建及拟建项目资料包括:影响范围内现状用地功能划分,以及各地块用地功能,主要类型包括住宅、商业、办公、工业以及医院、学校、文体娱乐等;影响范围内的在建或拟建项目的主要建筑技术指标及方案;已经审批同意的开发项目和规划及其他未开发地块的开发设想。项目周边现状土地利用图如图6-2所示。

图6-2　项目周边现状土地利用示意图

3. 项目所在区域相关城市规划资料

城市规划需要确定各项用地的种类、使用性质、功能分区、数量比例、空间布局、开发强度和时序等,是对用地未来开发的详细计划,以实现对于土地利用的"五定"——定性、定量、定点、定时和定强度,对于未来交通预测具有重要意义。

4. 不同类型用地开发的出行吸引率

出行生成量是交通影响评价的最关键参数,出行生成预测的准确性决定了交通影响评价的结论及结论的可靠性。交通影响评价将根据出行生成预测数据评估影响的程度,决定采取何种措施来改善现有道路交通系统,以适应用地开发新增出行需求。

5. 已完成的数据资料

在进行基础数据资料搜集后,应及时进行整理,明确已获得的和无法获得的基础资料,为交通影响评价后续工作做好准备。

二、交通基础设施现状与规划

1. 道路交通基础设施现状

道路交通基础设施现状主要指交通影响范围内的道路、交通管理、公共交通、停车及慢行交通设施的状况,见表 6-3。

现状道路概况调查表　　表 6-3

道路名称	道路等级	道路红线宽度	横断面形式	路面状况

(1) 现状道路概况

具体内容包括:①道路等级,可分为高速公路、快速路、主干道、次干道和支路;②道路红线宽度;③横断面形式,可分为四块板、三块板、两块板和一块板;④路面状况,即描述路面的材料及路面的完好程度。

描述研究范围内现状主要交叉口和出入口的基本情况,整理成表,并以图纸及照片进行辅助说明,见表 6-4。具体内容包括:①交叉口形式,分为立交和平交;②交叉口几何特征,分为十字、T 形、Y 形、多路交叉等;③管理方式,平交分为灯控和非灯控、右进右出等;④交叉口渠化及交通组织。

现状主要交叉口概况调查表　　表 6-4

交叉口名称	形式	几何特征	管理方式	渠化情况

(2) 交通管理

交通组织及交通管制情况、各交叉口信号配时方案等。对研究范围内的交通管理措施进行调查,整理成图表或简要文字,具体内容包括:①单向交通组织的道路;②单双号或类似规则通行的道路;③货车禁止通行的道路(全天或分时段);④占道停车管制的情况(全天或分时段禁止);⑤灯控交叉口信号配时方案(项目分析相关时段,如早晚高峰);⑥其他的特殊交通管理措施。

(3)公共交通概况

主要包括轨道交通、公交等部分,包括站点及线路。具体内容包括:①研究范围内的公交场站设施(名称、位置、规模、功能定位、始发公交线路),功能定位即指其是普通首末站、枢纽站还是综合车场;②研究范围内的公交线路(名称、走向、运营时间、发车间隔);③项目周边的公交停靠站(名称、位置、形式、站台设施情况、停靠的公交线路),形式是指港湾式、深港湾式、非港湾式,站台设施是指站牌、候车亭等配套设施。

(4)停车设施概况

调查项目周边机动车和非机动车停车设施,包括路内停车和路外停车设施,整理成表,并以图纸及照片进行辅助说明,见表6-5。具体内容包括:①停车场(库)位置;②停车场(库)形式,如地面、地下车库、立体车库、机械车库等;③停车场(库)类型,如社会公共还是自用停车场;④停车场库的规模,包括建筑面积、各类泊位数量;⑤停车场(库)开放时间;⑥停车场(库)收费标准;⑦停车场(库)的出入口位置。

现状停车设施概况调查表 表6-5

位 置	形 式	类 型	泊位数量	开放时间	收费标准

(5)慢行交通概况

包括人行设施、非机动车设施,整理成表,并以图纸及照片进行辅助说明。具体内容包括:①人行道,如各条道路的人行道的情况,包括宽度、是否铺装、完好程度;②人行过街设施,包括路段斑马线、交叉口斑马线、人行天桥、人行地道;③非机动车道,如各条道路的非机动车道的情况,包括宽度、位置、机非隔离形式、完好程度等;④绿道,如绿道路线、宽度等;⑤自行车租赁点,如位置、规模等。

2.交通规划及设计资料

包括相关的各层次的道路交通专项规划、设计,以正式批准的规划及设计成果作为依据,以在编或编制完成但尚未正式批准的规划及设计成果作为参考。交通规划主要类型包括城市综合交通规划以及路网、公交、停车、慢行等方面的专项规划,片区交通综合改善(或整治)规划,道路交通近期建设规划等。交通设计资料主要包括新建或改造道路、交叉口改善方案等设计成果。

三、交通系统运行状况调查

1.调查内容

(1)动态交通调查:影响范围内路段和交叉口的交通量调查,主要路口还应对排队长度和延误进行重点调查。

(2)静态交通调查:影响范围内停车设施的停车周转率等停车设施运行指标。

(3)公共交通调查:影响范围内公交线网覆盖水平、公交实载率、公交客流等指标。

2.调查时间

交通调查时间主要针对交通量调查,一般为白天12h交通量;高峰时间的调查不应少于连续2h,早晚高峰各一次(一般情况下,中心城区交通高峰时间为上午7:30—9:30和下午5:30—7:30,具体根据项目所在区域及项目的功能特性等确定)。

交通调查一般不在法定节假日和周末进行,并应尽量避免非正常天气或特殊交通管制时间段;对于特殊地区和特殊项目(如CBD地区和大型商业项目等),应结合项目交通发生吸引特征,对节假日和休息日的交通进行补充调查和分析。

四、交通运行特征与问题分析

对区域交通的评价主要包括对影响区域内的路网服务水平、公交运行、停车场(库)的评价,路网服务水平又分为交叉口和路段两个方面。

1. 交叉口服务水平评价

对交叉口进行服务水平评价的主要指标是交叉口的饱和度。交叉口的饱和度(即V/C)是指交叉口某车道的实际交通量与该车道可能通行能力的比值,计算时需要将各种车辆换算成标准小汽车,具体换算系数参考《城市道路工程设计规范》(CJJ 37—2012)。

根据交叉口不同饱和度,交叉口服务水平共分为A~F六个等级,在A~D之间交叉口运行状况属于可以接受的水平,具体见表6-6。

不同饱和度对应的服务水平和交通状态   表6-6

服务水平	饱和度 V/C	交通状态描述
A	<0.35	畅行车流,基本上无延误
B	0.35~0.5	稳定车流,有少量的延误
C	0.5~0.75	稳定车流,有一定的延误,但驾驶员可以接受
D	0.75~0.9	接近不稳定车流,有较大延误,但驾驶员还能忍受
E	0.9~1.0	不稳定车流,交通拥挤,延误很大,驾驶员无法忍受
F	>1.0	强制车流,交通严重堵塞,车辆时停时开

2. 路段服务水平评价

对路段服务水平的评价主要依据路段饱和度和运行车速这两个重要的判别指标。路段饱和度即路段的实际交通量与路段通行能力的比值。另外,路段运行车速与自由流速度的比值,也可以作为路段服务水平的评价指标。在实际应用中,通常将道路的设计车速作为自由流车速,不同运行车速对应的服务水平和交通状态可参照美国《道路通行能力手册》(HCM2000)。

3. 公交运行评价

对公交运行的评价主要是通过运营车速和满载率来进行,公交运行评价调查见表6-7。

用地(项目)附近公交站点线路表   表6-7

站 点	位 置	停靠公交线路	服务方向	平均人数

4. 停车场(库)评价

参考《城市停车规划规范》(GB/T 51149—2016)关于停车场规划和建筑物配建停车位的

规范要求,结合交通影响评价项目进行停车位数测算,再与调查得到的区域内停车位数进行比较,即可反映出区域停车场(库)的规模是否能够满足需求。

模块三　交通影响评价需求预测

一、交通影响区域划分

根据《建设项目交通影响评价技术标准》(CJJ/T 141—2010)或地方相关标准,对于有明确启动阈值的项目,根据表6-8的规定确定交通影响评价范围;对于无明确启动阈值的项目,可根据项目的类型,参照表6-8结合项目实际情况确定。

交通影响评价范围划分表　　　　表6-8

序号	项目规模指标与启动阈值之比 R	交通影响评价范围
1	$R<2$	建设项目邻近的城市干路(若为项目边界则顺移至下一条)围合的范围
2	$2 \leqslant R<5$	建设项目邻近的城市主干路或快速路(若为项目边界则顺移至下一条)围合的范围
3	$R \geqslant 5$	建设项目邻近的第二条主干路或快速路(若为项目边界则顺移至下一条)围合的范围,或项目第一条主干路外的天然阻隔(如铁路、河流等)范围

二、交通影响评价目标年限

交通影响评价目标年限应根据其交通影响程度确定,见表6-9。

一般项目交通影响评价年限　　　　表6-9

序号	项目规模指标与启动阈值之比 R	交通影响评价年限
1	<5	正常使用初年
2	$\geqslant 5$	正常使用初年以及正常使用第5年

注:"正常使用初年"是建设项目建成后基本实现其使用功能的年份,如住宅入住率达到70%等。

三、交通影响评价目标时段

1. 交通影响评价目标日

按工作日、非工作日对比,选择对交通系统影响最不利的作为交通影响评价目标日;当难以判断时,应对工作日和非工作日分别进行评价。

2. 交通影响评价目标时段

当新生成交通需求高峰时段与背景交通高峰时段基本重合时,以该高峰时段为交通影响评价目标时段;当两者不重合时,建设项目新生成交通需求高峰时段、背景交通高峰时段均应设为交通影响评价时段。

四、交通需求预测

交通需求预测分背景交通需求预测、项目本身交通需求预测两部分。交通方式可分机动车、公交、非机动车和行人等方面。背景交通需求预测主要采用的方法有类别法、回归公式法、趋势分析法、叠加法及四阶段预测法。交通需求预测的方法在前面交通规划部分已经有较全面的论述,此处不再赘述。在具体工作中,应根据项目的具体情况选择合适的方法进行预测,必要时,可综合多种方法进行比较。

模块四　交通工程影响评价

一、交通影响区域道路交通负荷分析

1. 动态交通运行状况分析

为了评估该用地(项目)开发对周边的影响,需要对现状、目标年项目有、无情况下的路网交通运行状况进行分析和对比。首先应对预测年路网交通运行状况进行评价分析,作为影响评价的基础。进而将该地(项目)开发所产生交通流量在路网上进行叠加,得到预测年主要路段和交叉口的运行情况,并与无建设项目的运行情况进行比较,确定由于该用地(项目)开发而引起的交通影响程度。预测年限影响评价内容汇示例见表6-10。

早高峰服务水平的比较结果　　　　　　　　　　　　表6-10

序号	交叉口名称	现　状	无该用地(项目)开发预测目标年运行状况	该用地(项目)开发预测目标年运行状况
1	××-××	A	B	C
2	××-××	A	A	C
3	××-××	B	D	E

注:表中A、B、C、D、E表示服务水平等级。

通常可认为交叉口和路段D级服务水平是可接受的最低标准。如果出现背景交通量的服务水平已超出了可承受的服务水平范围的情况,例如服务水平均为F级,则有必要由政府进行评估,以讨论是否需要在此进行新的基础设施建设。

2. 停车设施配建规模分析

目前各地都逐步认识到了建筑物停车配建是停车设施供应的主体,部分城市制定了本地的建筑物停车配建指标和相关规定。如当地有该指标规定,则依据该规定进行评价;否则,可参照同等规模城市的指标规定进行评价。在部分停车困难的老城区,新建或改造商业、办公、公共建筑等项目的停车设施应具有自用和社会公共的双重属性,应在满足自身需求的基础上,同时适当增配,为周边提供社会公共停车需求,缓解停车难问题。

二、项目对周边交通设施的影响分析

交通设施一般是指影响分析区域内的路段和交叉口机动车道、建设项目出入口、公共交通线路和站场、自行车道、机非隔离设施、人行道和人行过街设施、信号控制设施、停车设施和其他相关交通设施。总体上又可以分为道路设施、停车设施、慢行交通设施和公共交通设施四个部分。

1. 道路设施

项目对周边道路设施的影响程度，需要结合前面所述的判别指标进行分析。比如对信号交叉口的影响分析，在饱和度不大于 0.85 时只需要考虑服务水平的变化程度；对于无信号交叉口，当背景服务水平为三级时，应设置信号灯，并进行交叉口信号灯设计，再按照信号交叉口交通影响程度的判定标准进行判断。对于评价范围内包含长路段的情况，不仅需要对邻近交叉口和其他设施进行交通影响评价，还应对长路段进行交通影响评价，以避免路段交通可能发生的问题。

2. 停车设施

停车设施的影响评价包括停车设施布局、停车场开口、停车场进出交通组织、停车场出入口附近道路、停车装卸货设施规模和布局(项目用地内)等内容。一般而言，建设项目所生成的停车需求原则上应在项目用地内部解决，否则就会对周围的停车设施造成影响，或造成周边道路通行能力的下降和(或)违法停车行为的发生。因此，当建设项目新生成的机动车或非机动车停车需求超过配建停车设施的停放能力时，即为建设项目对评价范围内的交通系统有显著影响。

3. 慢行交通设施

慢行交通设施包括人行道(如人行道系统、人行道宽度、步行环境等)和人行专用交通设施[如天桥、地道(地下街)、二层步行平台、移动步道、自由通道等]。对于已经建设的慢行交通设施，以是否需要改、扩建(如能力提升、位置变动、线形调整等)作为显著影响的判定指标；对于没有专用的自行车或行人设施的情形，以是否需要增设自行车或行人专用设施作为显著影响的判定指标。

4. 公共交通设施

对公共交通设施的影响分析主要考虑公共交通服务水平的影响程度。其中，公共交通载客率是影响公共交通服务水平的重要因素。根据公共交通运营经验，当公共交通载客达到额定载客量的70%时，乘客对舒适度的感觉会发生显著变化。当评价时段建设项目新生成的公共交通需求高于评价范围内所有公共交通线路剩余的载客容量，或公共交通线路剩余载客量为负值时，则认为建设项目对公共交通系统产生了显著影响。

三、交通安全影响分析

分析区域内有无事故多发地点，如果有，则找出原因，并在规划设计上提出改进意见。项目的内部交通组织和外部出入口的设置要尽量减少与行人的冲突，从停车场和公共汽车站到建筑出入口的行人路线也要考虑安全问题。

模块五　交通组织与改善对策

一、交通组织方案

交通组织方案包括项目的内部交通组织及外部出入口设置两方面内容。内部交通组织应包括如何使内部交通与外部出入口衔接，并设定建筑出入口、落客区、卸货区和停车场之间的联系通道，应尽量减少迂回线路，少占地，减少与行人或其他车辆的冲突。外部出入口的设置主要考虑与外部交通之间的相互干扰，出入口的设置既要达到该用地（项目）的进出车辆安全、高效，又尽量避免影响外部交通的正常运行。

二、交通改善措施

1. 道路系统的改善

根据影响区域内道路服务水平的评价结果，如果服务水平在 E 级以上，则必须提出相应的、可实施的道路改善方案，提高道路的通行能力。典型的改善措施如下：

（1）完善路网结构。在路网结构层面，考虑打通微循环，根据相关规划，提出需要与项目同步建设的道路，改善路网结构，提升影响区域内路网整体通行能力，促进路网流量合理分配，消除交通瓶颈。

（2）拓宽道路。针对通行能力不足的道路，进行局部或全线拓宽，增加机动车道数量，提升通行能力。

（3）道路沿线交通综合整治。对道路沿线进行综合整治，改善交通秩序，减少干扰因素，提升通行能力。例如对沿线出入口过于密集的，通过关停并转等措施，减少出入口数量；对公交停靠站位置不合理的进行调整，有条件的情况下，尽量改造为港湾式或深港湾式停靠站；加强路边占道停车管理，交叉口范围内严禁停车；道路通行能力不足的，全天或高峰时段禁止停车。

（4）完善交通安全设施及交通监控设施。通过改造或新建，完善交通标志和交通标线及其他交通安全设施，包括交通护栏，以及交通信号灯、电子警察等交通监控设施。

（5）交叉口改造。针对通行能力不足的交叉口，根据相交道路等级提出立体化改造方案或平面改造方案。平面改造方案主要是进行拓宽和渠化，设置信号灯，对信号配时方案进行优化，以提高交叉口通行能力或合理分配各进口道的通行能力。

2. 公共交通系统改善

根据项目公交方面的需求预测，以及项目影响范围内公交不足现状，结合公交相关规划，从提升公交服务、促进出行者采用公交出行的角度，提出公共交通系统改善方案。典型措施如下：

（1）设置公交场站。公交场站是公交服务的基础设施。如果项目所在区域公交不发达，特别是对于公交服务的盲区,可根据公交场站相关规划,落实影响区域内的规划公交场站,为未来公交线路的开设提供保障。

(2)优化公交停靠站。如果项目距离周边的公交停靠站非常远(600m以上),可考虑在项目附近增设公交站点。如项目出入口位置与现状公交停靠站有冲突,必要时,可对公交停靠站的位置进行调整,确保公交车辆进出站的便利性和安全性。结合项目建设,将现状非港湾式停靠站改造成港湾式停靠站。

(3)优化公交服务。可结合项目,提出增设公交线路或对现有公交线路的行驶路线进行调整,提高项目的公交可达性。对于大型商业项目,可以考虑由开发商提供服务车辆,以联系附近的大型停车场所或人流集散点。

3. 停车设施改善

(1)保证建筑物配建泊位。根据交通影响评价结果,如果建筑物停车配建泊位不足,则要求通过调整规划或设计方案,提高设计停车泊位数量,补足缺口。

(2)停车场(库)布局优化。结合项目设计方案,提出停车场(库)的出入口设置的调整方案、内部停车泊位布局优化方案、交通组织优化方案。

(3)停车场(库)智能化方案。如果项目位于停车比较紧张的城市核心区域,且停车场规模大(超过500个泊位),可以考虑对停车场进行分区,并设置多级停车诱导系统。

4. 慢行交通设施改善

从提高行人及非机动车交通安全性和便利性的角度提出改善方案,典型措施如下:

(1)改善行人过街设施。对于车流量比较大、人车冲突比较严重的干道,可结合学校、医院、大型商业、公交站点等设置立体过街设施。结合信号灯交叉口,在有条件的情况下,设置二次过街,或在有中央分隔带的路段,设置二次过街。

(2)改善人行道。结合道路建设和改造,完善人行道系统,保证人行道的空间合理、环境舒适。

(3)改善非机动车道。结合道路建设和改造,完善非机动车道系统,主干道确保机非分流。结合绿道等相关规划,可将项目的非机动车组织与绿道系统相结合,提出衔接方案。慢行公交接驳如图6-3所示。

图6-3 慢行公交接驳

三、交通组织及改善评价

对规划方案中的所有改善方案均需进行评价,重点是对高峰小时交通量条件下的服务水平进行评估。改善方案的高峰小时服务水平在城区不得低于 D 级,在郊区不得低于 C 级。如果结果不可接受,则需要对土地开发强度以及主要技术指标提出调整建议。

技能训练

任务:城市某地块建设项目现状交通综合分析实训

一、训练目标

(1)结合实训素材及教材内容,分析该地块目前的综合交通运行现状,重点分析该地块用地性质、交通生成、交叉口通行效率(饱和度、服务水平、延误),以及停车管理、公交线路及站点布设、慢行交通管理现状。

(2)从定性与定量两个角度分析该城市地块新建项目投入使用后增加的交通需求,主要分析新增的小汽车出行交通量、公交出行交通量和停车需求量。

(3)简要对比分析该城市地块建设项目实施前、后的交通影响程度。

二、实训方法

1. 教师讲解

给学生提供本次实训案例现状基础数据,如现状路网、现状交通量、现状公交、停车场及慢行交通分布数据。结合本单元所讲的知识点,简要分析城市用地性质及其与出行生成率之间的逻辑关系,以及基于现状资料分析路网交通问题的基本方法。讲述交通影响评价的主要工作思路及目标,即通过对项目建成投入使用后新增交通需求的分析,提出在满足一定服务水平的条件下减小项目所带来的负面影响的各项改善措施。要求同学们充分结合本书前面各单元的知识,提高分析和解决城市交通问题的综合能力。

2. 学生实训

(1)实训分组:本次实训针对案例进行开放式讨论,建议分组实训,每组3~4人。
(2)领取素材:以小组为单位领取实训案例素材。
(3)任务实训:
①每个小组结合实训素材及教材内容,分析该地块目前的综合交通运行现状,重点分析交叉口通行效率(饱和度、服务水平),以及停车管理、公交线路及站点布设、慢行交通管理现状。
②尝试从定性与定量两个角度,简要分析该城市地块新建项目投入使用后增加的交通需求,主要包括新增的小汽车出行交通量、公交出行交通量和停车需求量。
③尝试结合交通影响评价的相关技术规范,对比该城市地块在新建项目投入使用前、后的

交通变化情况,并且提出针对性的改善措施,包括必要性改善措施和建议性改善措施。

④制作本次交通影响评价分析的PPT,在课堂上进行分组汇报,然后由其余小组进行成绩互评。

三、任务清单

(1)每个小组提交一份《城市某地块建设项目现状交通综合分析报告》(word 文档)。

(2)每个小组制作相应的汇报PPT并在课堂内进行演讲汇报,其余小组对其进行评价。

四、注意事项

(1)充分运用本教材前面单元所学知识,对城市某地块建设项目现状交通进行综合分析。

(2)注意查阅所在城市的交通影响评价工作规范或工作条例,巩固交通影响评价的基本工作流程、评价内容和技术指标等内容。

思考练习

1. 交通影响评价实施的主要背景是什么?
2. 简述交通影响评价的工作流程和方法。
3. 如何理解实施交通影响评价的必要性?
4. 比较规划阶段和项目阶段的交通影响评价的区别。
5. 试结合身边案例分析道路新建或扩建后对周围交通、出行及环境的影响。

参考文献

[1] 国家市场监督管理总局,国家标准化管理委员会.图形符号 安全色和安全标志 第5部分:安全标志使用原则与要求:GB/T 2893.5—2020[S].北京:中国标准出版社,2020.

[2] 中华人民共和国国家质量监督检验检疫总局,中国国家标准化管理委员会.《车辆驾驶人员血液、呼气酒精含量阈值与检验》国家标准第1号修改单:GB 19522—2010/XG1—2017[S].北京:中国标准出版社,2017.

[3] 中华人民共和国国家质量监督检验检疫总局,中国国家标准化管理委员会.公路路线标识规则和国道编号:GB/T 917—2017[S].北京:中国标准出版社,2017.

[4] 中华人民共和国住房和城乡建设部,中华人民共和国国家市场监督管理总局.城市综合交通体系规划标准:GB/T 51328—2018[S].北京:中国建筑工业出版社,2019.

[5] 中华人民共和国住房和城乡建设部.城市道路工程设计规范:CJJ 37—2012(2016年版)[S].北京:中国标准出版社,2016.

[6] 中华人民共和国住房和城乡建设部,中华人民共和国国家质量监督检验检疫总局.城市停车规划规范:GB/T 51149—2016[S].北京:中国建筑工业出版社,2017.

[7] 上海市城乡建设和管理委员会.建筑工程交通设计及停车库(场)设置标准:DG/TJ 08-7—2014[S].2014.

[8] 中华人民共和国国家质量监督检验检疫总局,中国国家标准化管理委员会.道路交通标志和标线:GB 5768—2017[S].北京:中国标准出版社,2018.

[9] 中国公路学会《交通工程手册》编委会.交通工程手册[M].北京:人民交通出版社,1998.

[10] 王建军,严宝杰.交通调查与分析[M].2版.北京:人民交通出版社,2014.

[11] 任福田.交通工程学[M].3版.北京:人民交通出版社股份有限公司,2017.

[12] 黄卫,路小波.智能运输系统(ITS)概论[M].2版.北京:人民交通出版社,2008.

[13] 王炜,陈峻,过秀成,等.交通工程学[M].3版.南京:东南大学出版社,2019.

[14] 美国交通运输研究委员会.公共交通通行能力和服务质量手册(原著第二版)[M].杨晓光,滕靖,译.北京:中国建筑工业出版社,2010.